"ධම්මෝ හි වාසෙට්ඨා, සෙට්ඨෝ ජනේතස්මිං
දිට්ඨේ චේව ධම්මේ, අභිසම්පරායේ ච."

වාසෙට්ඨයෙනි, මෙලොවෙහි ත්, පරලොවෙහි ත්
ජනයා අතර ධර්මය ම ශ්‍රේෂ්ඨ වෙයි !

- අග්ගඤ්ඤ සූත්‍රය - භාග්‍යවත් බුදුරජාණන් වහන්සේ

නුවණ වැඩෙන බෝසත් කථා - 27

ජාතක පොත් වහන්සේ

(පදුම වර්ගය)

පූජ්‍ය කිරිබත්ගොඩ ඤාණානන්ද ස්වාමීන් වහන්සේ

© සියලුම හිමිකම් ඇවිරිණි.

ISBN : 978-955-687-144-9

ප්‍රථම මුද්‍රණය	:	ශ්‍රී බු.ව. 2561 ක් වූ උඳුවප් මස පුන් පොහෝ දින
සම්පාදනය	:	මහමෙව්නාව භාවනා අසපුව වඩුවාව, යටිගල්ඔළුව, පොල්ගහවෙල. දුර : 037 2244602 info@mahamevnawa.lk | www.mahamevnawa.lk

පරිගණක අකුරු සැකසුම, පිටකවර නිර්මාණය සහ ප්‍රකාශනය :
මහාමේඝ ප්‍රකාශකයෝ
වඩුවාව, යටිගල්ඔළුව, පොල්ගහවෙල.
දුර : 037 2053300, 076 8255703
mahameghapublishers@gmail.com

මුද්‍රණය	:	ලීඩ්ස් ග්‍රැෆික්ස් (පුද්.) සමාගම, අංක 356 E, පන්නිපිටිය පාර, තලවතුගොඩ. ටෙලි: 011-4301616 / 0112-796151

නුවණ වැඩෙන බෝසත් කථා-27

ජාතක පොත් වහන්සේ

(පදුම වර්ගය)

සරල සිංහල පරිවර්තනය

පූජ්‍ය කිරිබත්ගොඩ ඤාණානන්ද
ස්වාමීන් වහන්සේ

මහාමේඝ
MAHAMEGHA

ප්‍රකාශනයකි

පෙරවදන

ජාතක පොත් වහන්සේ ඔබ කියවලා ඇති. කුඩා අවධියේත්, පාසලේදීත්, සරසවියේත්, පන්සලේ බණ මඩුවේත්, වෙසක් නාඩගමේත් අපි ජාතක කථා රස වින්දෙමු. නමුත් එහි සැබෑ අරුත කුමක් දැයි තේරුම් ගන්නට අප සමත් වූ වගක් නම් නොපෙනේ.

'නුවණ වැඩෙන බෝසත් කථා' නමින් ඒ ජාතක කථා ඔබේම භාෂාවෙන් ඔබට කියවන්නට ලැබෙන්නේ එයින් ඉස්මතු වන අරුතත් සමඟිනි. මෙහි අරුත් දැන එම කථාවත් මතක තබා ගෙන සත්පුරුෂ ගුණධර්ම දියුණු කර ගන්නට මහන්සි ගන්නේ නම් එය ජාතක කථාවෙන් ඔබට ලැබෙන සැබෑම ප්‍රතිඵලයයි.

හැම දෙනාටම තෙරුවන් සරණයි!

මෙයට,
ගෞතම බුදු සසුන තුළ මෙත් සිතින්,
පූජ්‍ය කිරිබත්ගොඩ ඤාණානන්ද ස්වාමීන් වහන්සේ
ශ්‍රී බුද්ධ වර්ෂ 2560 ක් වූ වෙසක් මස 31 දා

මහමෙව්නාව භාවනා අසපුව
වඩුවාව, යටිගල්ඔළුව,
පොල්ගහවෙල.

පටුන

27. පදුම වර්ගය

නමෝ තස්ස භගවතෝ අරහතෝ සම්මාසම්බුද්ධස්ස
ඒ භාග්‍යවත් අර්හත් සම්මා සම්බුදුරජාණන් වහන්සේට නමස්කාර වේවා!

01. පදුම ජාතකය

නෙළුම් මල් ලබාගත් සිටු කුමාරයාගේ කතාව

පින්වතුනේ, පින්වත් දරුවනේ,

පින කියන්නේ මහා පුදුම දෙයක්. ඇතැම් අයගේ සිනහාවටත් මිනිස්සු කැමැතියි. තවත් අය ඉන්නවා. ඔවුන්ට අන්‍යයන්ගේ සිත් බැඳගන්නා අයුරින් කතා කිරීමේ හැකියාව පිහිටා තියෙනවා. එහෙම අය කිසියම් කටයුත්තකට ගියොත් ලොකු වෙහෙසක් නැතිව ඒ කටයුතු කරගෙන එනවා. ඒ එක් එක්කෙනාට තමන්ගේ පින අනුව පිහිටා තියෙන දේවල්වල හැටි. මෙයත් එබඳු කතාවක්.

ඒ දිනවල අපගේ භාග්‍යවතුන් වහන්සේ වැඩ වාසය කළේ සැවැත් නුවර ජේතවනයේ. ඔය කාලේ අපගේ ආනන්දයන් වහන්සේගේ මැදිහත් වීමෙන්, අපගේ මහා මොග්ගල්ලානයන් වහන්සේ ඉර්ධියෙන් වඩමවාගෙන ආ බෝ ඇටයක් අනේපිඬු සිටාණන් ජේතවනයේ ද්වාර කොටුවේ රෝපණය කර තිබුනා. එයින් ඉතාම ප්‍රිය මනාප, දුටු දුටුවන්ගේ සිත ආනන්දයට පත්වෙන බෝධීන් වහන්සේ නමක් පැන නැංගා. අපගේ

ආනන්දයන් වහන්සේත් මේ බෝධිරෝපණයට මුල් වූ නිසා ඒ බෝධීන් වහන්සේ ආනන්ද බෝධිය නමින් හැඳින්වුනා.

දවසක් ජනපදවාසී භික්ෂූන් වහන්සේලාට ආනන්ද බෝධීන් වහන්සේට මල්මාලාවන්ගෙන් පූජාවක් කරන්ට ආසා හිතුනා. ඉතින් ඒ භික්ෂූන් වහන්සේලා ජේතවනයට ඇවිත් භාග්‍යවතුන් වහන්සේට වන්දනා කොට පසුවදා මල් ලබාගැනීමේ කැමැත්තෙන් සැවැත්නුවර උප්පල වීථියට, මහනෙල් වීදියට ගියා. නමුත් ඒ භික්ෂූන්ට මල් සොයාගන්ට බැරිවීමෙන් හිස් අතින් එන්ට සිදු වුනා. ඉතින් ඒ භික්ෂූන් වහන්සේලා අපගේ ආනන්දයන් වහන්සේ මුණගැසී මේ කරුණ කියා සිටියා.

"අනේ ඇවැත්නි, අපි මේ වැඩියේ ආනන්ද බෝධීන් වහන්සේට මල් මාලාවන්ගෙන් පූජාවක් කරන්ට හිතාගෙනයි. මහනෙල් වීදියේ ගිහින් අපි මල් බලාපොරොත්තුවෙන් සිටියා. කෝ අපට එක මලක්වත් ලැබුනේ නෑ නොවැ."

"ඒ කියන්නේ ආයුෂ්මතුනි, මහනෙල් වීදියේ මල් ඉවර වෙලා තිබ්බා ද?"

"නෑ... ආයුෂ්මතුන්... මල් තිබුනා. අපට ලැබුනේ නෑ."

"එහෙනම් ආයුෂ්මතුන් වහන්සේලා ඔහොම ඉන්ට. මං ගොහින් බලන්නම්" කියා අපගේ ආනන්දයන් වහනසේ මහනෙල් වීදියට වැඩියා. මල් වෙළෙන්දෝ උන්වහන්සේට නිල් මහනෙල් මල් මිටි ගොඩාක් පූජා කළා. ආනන්දයන් වහන්සේ ඒ මල් මිටි අර භික්ෂූන්

වහන්සේලාට දුන්නා. උන්වහන්සේලා ඉතා සතුටින් බෝධි වන්දනාව කළා.

දම්සභා මණ්ඩපයට රැස්වූ භික්ෂූන් වහන්සේලා මේ ගැන කතා කරන්ට පටන් ගත්තා.

"ඇවැත්නි, බලන්ට. පිනක ඇති වෙනස්කම. ජනපදවාසී භික්ෂූන් මෙහෙ වැඩියේ ම ආනන්ද බෝධියට මල් පූජාවක් පවත්වන්ට හිතාගෙනයි. ඒ වෙනුවෙන් ම යි නගරයේ මහනෙල් වීදියට ගිහින් තියෙන්නේ. නමුත් එක මලක්වත් ලැබී නෑ. ඊට පස්සේ අපගේ ආනන්දයෝ මහනෙල් වීදියට වැඩියා. වෙළෙන්දෝ කවුරුත් පාහේ නිල් මහනෙල් මල් මිටි ගණන් පූජා කරලා. උන්නාන්සේ ඒවා අර භික්ෂූන් වහන්සේලාට දුන්නා. ආං... හරි ලස්සනට නිල් මහනෙල් මල් මාලාවන්ගෙන් ආනන්ද බෝධිය සරසා වන්දනා කරලා."

ඒ අවස්ථාවේ අපගේ භාග්‍යවතුන් වහන්සේ එතැනට වැඩම කොට වදාළා. භික්ෂූන් වහන්සේලා තමන් කතාබස් කරමින් සිටි කරුණ භාග්‍යවතුන් වහන්සේට සැලකළා. භාග්‍යවතුන් වහන්සේ මෙසේ වදාළා.

"මහණෙනි, ඇතැම් අය කතාබහ කිරීමෙන් අන්‍යයන්ගේ ප්‍රසාදය සැණෙකින් ඇතිවෙනවා. එහෙම කෙනෙක් ගිහින් කතාකළ ගමන් මල් ලැබුනා. එවැනි අය අද විතරක් නොවේ, අතීතයේත් සිටියා. ඒ අයටත් ඔය විදිහට ම මල් ලැබුනා" කියා මේ අතීත කතාව ගෙනහැර දක්වා වදාළා.

"මහණෙනි, ගොඩාක් ඉස්සර කාලෙක බරණැස්පුරේ බ්‍රහ්මදත්ත නමින් රජ්ජුරු කෙනෙක්

රාජ්‍ය කළා. ඔය කාලේ මහා බෝධිසත්වයෝ බරණැස් සිටුතුමාගේ පුත්‍රයා වෙලා උපන්නා. ඒ කාලේ බරණැස ඇතුළු නගරේ එක්තරා නෙළුම් විලක් තිබුනා. ඔය නෙළුම් විල ආරක්ෂා කළේ කැපී ගිය නාසය ඇති පුරුෂයෙක්.

දවසක් බරණැස නැකැත් කෙළියක් තිබුනා. ඒකට නියමිත වේලාව නාද කළ විට "අපිත් මල් පැළඳගෙන නැකැත් උත්සවයේ සෙල්ලම් කරන්ට යමු" කියලා සිටු කුමාරවරු තුන් දෙනෙක් අර නෙළුම් පොකුණ ළඟට ගියා. නෙළුම් මල් අගේට පිපී තිබුනා. නාසය කැපී ගිය මිනිසාත් නෙළුම් මල් කඩමින් සිටියේ. එතැනට ගිය එක් සිටු පුත්‍රයෙක් ඔහුට මේ පළමු ගාථාව කීවා.

(1)

කැපූ කැපූ තැනින් අපේ -
කෙස් රැවුලුත් වැවෙනු ඇතේ
එලෙසින් ඔබගේ නහයත් -
කැපුනු තැනෙන් වැඩෙනු ඇතේ
මාහට මල් දුන්නෝතින් -
ඔබේ නහය වැවෙන නිසා
ඔය මල් මිටියක් මාහට -
දෙනු මැන සතුටින් එනිසා

එතකොට ඔහු හිස ඔසොවා බැලුවා. කුමාරයා දිහා ඔරොවා බලා ආයෙමත් මල් නෙලන්ට පටන් ගත්තා. එතකොට තව සිටු පුත්‍රයෙක් මේ දෙවෙනි ගාථාව කිව්වා.

(2)

පායන කාලේ කුඹුරේ -
වැපිරූ බීජ වැඩෙන්නේ ය
ඒ අයුරින් ඔබේ නහය -

පෙර අයුරින් වැඩෙන්නේ ය
මට මල් දෙන පින් බලයෙන් -
ඔබේ නහය වැඩෙන නිසා
ඔය මල් මිටියක් මාහට -
දෙනු මැන සතුටින් එනිසා

ආයෙමත් ඔහු හිස ඔසොවා බැසුවා. ඔහුට තවත් කේන්ති ගියා. ඒ දෙන්නාට ම එක මලක්වත් දුන්නේ නෑ. ඊට පස්සේ බෝසත් කුමාරයා මේ ගාථාව කිව්වා.

(3)

මේ දෙන්නා බොරු කිව් බව -
ඔබට හොඳින් වැටහුනේ ය
දෙන්නාට ම මල් දුන්නත් -
නහයට වෙනසක් නොවේ ය
වැවෙනව කිව්වත් නැතිවත් -
එයිනුත් වෙනසක් නොවේ ය
ඉල්ලමි මම ඔබෙන් නෙළුම් -
දුන්නොත් මට හරි අගේ ය

එතකොට ඔහු ආයෙමත් ඔලුව ඉස්සුවා. "ආන්න හරි.... ඕං.... ඔය කුමාරයා විතරයි ඇත්ත කීවේ. අනිත් දෙන්නා ම කීවේ බොරු. එනිසා ඔය ඇත්ත කීව කුමාරයා මල් ලබන්ට සුදුසුයි" කියලා ලොකු නෙළුම් මල් මිටියක් නෙලාගෙන කුමාරයාගේ ගෙදරට ම ගිහින් දුන්නා.

මෙසේ වදාළ භාග්‍යවතුන් වහන්සේ "මහණෙනි, එදා නෙළුම් මල් ලැබූ සිටු පුත්‍රයාව සිටියේ මම යි" කියා භාග්‍යවතුන් වහන්සේ මේ ජාතකය නිමවා වදාළා.

02. මුදුපාණි ජාතකය

මොළොක් අත් ඇති තරුණයාගේ කතාව

පින්වතුනේ, පින්වත් දරුවනේ,

මේ ලෝකය නම් මහා මනස්ගාත නාඩගම්වලින් පිරීගිය එකක්. හැමදාම වගේ තියෙන්නේ එකම ජාතියේ ප්‍රශ්න. තමන් කැමැති වූ පෙම්වතා සමඟ රහසේ පැන යන්ට උගුලක් ඇටවූ කපටි කෙල්ලක් ගැනයි මේ කතාවෙන් කියවෙන්නේ.

ඒ කාලේ අපගේ භාග්‍යවතුන් වහන්සේ වැඩ වාසය කළේ සැවැත්නුවර ජේතවනයේ. ඔය කාලේ සැවැත්නුවර තරුණයෙක් ඉතාම ශ්‍රද්ධාවෙන් බුද්ධ ශාසනයේ පැවිදි වුනා. මේ භික්ෂුව පිඬු සිඟා වඩිද්දී ඉතා අලංකාර ලෙස හැඳ පැළඳගත් ස්ත්‍රියක් දකින්ට ලැබුනා. 'අනේ මාත් ගෙදර හිටියා නම් මෙවැන්නියක් සහේට ගන්ට තිබුනා නොවේ දැ'යි කියා ලාමක අයුරින් සිතන්ට පටන් ගත්තා. එතකොට ධර්මයේ හැසිරෙන්ට තිබූ උනන්දුවත් ආශාවත් බලාපොරොත්තුවත් නැතිව ගියා. ලාමක ගිහි බවට පත්වීමේ සිතිවිලි ඇතිවෙන්ට පටන් ගත්තා.

තමන් මහත් පීඩාවකින් ඉන්නවා ය කියා ඒ භික්ෂුව අනිත් භික්ෂූන් වහන්සේලාට සැළකළා. උන්වහන්සේලා

ඒ භික්ෂුව භාග්‍යවතුන් වහන්සේ වෙත කැඳවාගෙන ගියා. භාග්‍යවතුන් වහන්සේ ඒ භික්ෂුවගෙන් විමසා වදාළා.

"ඇයි භික්ෂුව, එතකොට ඒ ස්ත්‍රිය දැකපු වේලේ පටන් ධර්මය සිහි කිරීම අමතක වෙලා ආයෙමත් ගිහිවෙන්ට සිතුවා කියන්නේ හැබෑද?"

"එහෙමයි භාග්‍යවතුන් වහන්ස."

"භික්ෂුව, ස්ත්‍රිය කියන්නේ කවුද කියා හොඳින් තේරුම් ගන්ට ඕනෑ. කෙලෙස්වලට යට වුනාට පස්සේ ස්ත්‍රිය රැකගන්ට බෑ. ඉස්සර කාලේ හිටිය මහා නුවණැති අයට පවා තමන්ගේ දියණියව රැකගන්ට බැරිව ගියා. පියා වැඩි ආරක්ෂාවට තමන්ගේ අතින් දියණිය අල්ලාගෙන සිටිද්දී ම කෙලෙසුන්ට වසඟ වූ පුරුෂයා එක්ක රහසේ පැනලා ගියා නොවැ" කියා මේ අතීත තකාව ගෙනහැර දක්වා වදාළා.

"මහණෙනි, බරණැස්පුරේ ඉස්සර බ්‍රහ්මදත්ත නමින් රජ්ජුරු කෙනෙක් රජකම් කළා. ඔය කාලේ මහා බෝධිසත්වයෝ ඒ බරණැස් රජ්ජුරුවන්ගේ අගමෙහෙසියගේ කුසේ පිළිසිඳගත්තා. වයසින් වැඩී ගියාට පස්සේ තක්ෂිලාවට ගොහින් ශිල්ප ඉගෙනගෙන ආවා. පිය රජ්ජුරුවන්ගෙන් පස්සේ බරණැස රජ බවට පත්වුනා. ඒ බ්‍රහ්මදත්ත රජ්ජුරුවන්ට දියණියක් සිටියා. ඒ රජ්ජුරුවන්ගේ සහෝදරියගේ පුත් කුමාරයාත් මාළිගයේ ම යි හැදුනේ වැඩුනේ. රජ්ජුරුවන්ගේ අදහස තිබුණේ අනාගතයේදී තම දියණිය ඒ පුත් කුමාරයාට බන්දලා දෙන්ට යි. එතකොට ඒ පුත් කුමාරයාට රජකම ලැබෙනවා. තමන්ගේ දියණිය අගමෙහෙසිය වෙනවා. නමුත් කලක් යද්දී රජ්ජුරුවන්ගේ අදහස වෙනස් වුනා. ඇමතිවරුන්

රැස්කළ රජ්ජුරුවෝ මෙහෙම කිව්වා.

"ඇමතිවරුනි.. මං මෙහෙම හිතුවා. මගේ සහෝදරියගේ පුත් කුමාරයා දැන් තරුණයි නොවැ. ඔහුට වෙන රජ කෙනෙකුගේ දියණියක් බන්දලා දෙන්ට ඕනෑ. මගේ දියණියව වෙනත් රාජ කුමාරයෙකුට බන්දලා දෙන්ට ඕනැ. එතකොට අපගේ මේ රාජවංශය තවත් පැතිරිලා නෑදෑ පිරිස වැඩිවෙනවා" කියලා.

"බොහොම හොඳයි දේවයන් වහන්ස, එහෙනම් අපි ඒ විදිහට කරමු" කියලා ඇමතිවරුත් එයට එකඟ වුනා.

එතකොට බෝධිසත්වයෝ ඒ පුත්‍ර කුමාරයාව මාළිගාවෙන් පිටත වෙනත් මාළිගාවක නැවැත්තුවා. මාළිගාවට යන එන එක නැවැත්තුවා. ඒ වෙද්දී ඒ පුත් කුමාරයයි රාජ දියණියයි පෙමින් බැඳිලා සිටියේ. පිටතට ගිය කුමාරයා රාජ කුමාරියව මාළිගයෙන් පිටතට ගෙනියන්ට විදිහක් නැතිව දහ අතේ කල්පනා කරමින් සිටියා. අන්තිමේදී උපායක් මතක් වුනා.

දවසක් කුමාරයා කුමාරිට උපස්ථාන කරන කිරිමවගේ අතේ මුදල් පසුම්බියක් තිබ්බා. ඔවුන් රහසේ කතාබස් කළා.

"ආර්ය පුත්‍රය... ඇයි... මගෙන් මොකක්ද කෙරෙන්ට ඕනෑ?"

"අම්මේ.... මෙච්චරයි වෙන්ට ඕනැ. මට කොහෝම හරි අපේ කුමාරිව මාළිගාවෙන් එළියට ගන්ට ඕනැ. එච්චරයි. ඔය උපකාරය මට කරල දීපං."

"මං එහෙනම් අපේ කුමාරිත් එක්ක කතා කොරලා බලන්නම්."

ඊටපස්සේ කිරිඅම්මා මාළිගාවට ගියා. "කුමාරි මෙහේ එන්ට. කුමාරිගේ හිසේ උකුණෝ අයින් කොරන්ට ඕනෑ" කියලා කුමාරිව ළඟට අඬගහ ගත්තා. පොඩි පුටුවක වාඩි කෙරෙව්වා. තමා ඊට ටිකක් උස පුටුවකින් වාඩිවෙලා කුමාරිගේ හිස පාත් කරවා උකුණන් බලන්ට පටන් ගත්තා. ඈ එක්වර ම කුමාරිගේ හිස කෙනිත්තුවා. එතකොට කුමාරි රහසෙන් මෙහෙම ඇහුවා.

"අම්මා... මොකෝ... මගේ කුමාරයාව මුණ ගැහුනා වත් ද"

එතකොට ඈත් රහසේ කතා කළා. "ඔව්... ඔව්... එහෙම දෙයක් වුනා... කුමාරයා කීවා කොහොම හරි කුමාරිව මාළිගාවෙන් පිටතට පන්නන්ට පිළිවෙළක් සොයාපං කියලා."

"අනේ... අම්මා... එහෙනම්... උඹ... මේන්න මේ ගාථාව ඉගෙන ගොහින් කුමාරයාට අහන්ට සලස්සාපං" කියා මේ පළමු ගාථාව පැවසුවා.

(1)

මට වගේම මොළොක් අතක් -
තියෙන එකෙක් සොයාගන්ට ඕනෑ
ඒ වගේ ම දමනය වූ -
ඇත් රජෙකුත් සොයාගන්ට ඕනෑ
සඳක් නොමැති අමාවකේ -
තද කළුවර තියෙන රැයක් වෙන්ටත් ඕනෑ
වැස්සක් තිබුනොත් එදාට -
පංකාදුයි කියා වැඩේ දැනගන්ටත් ඕනෑ

මෙය අසා ගත් කිරිමව කුමාරයා සොයාගෙන ගිහින් ඒ අයුරින් ම පැවසුවා. කුමාරයා ඒ ගාථාවේ අර්ථය හොඳට තේරුම් ගත්තා. කුමාරිගේ වගේ ම මුදු මොළොක් අත් තියෙන තමන්ගේ උපස්ථායක කොලුවෙක් සොයා ගත්තා. රජ්ජුරුවන්ගේ ඇත්ගොව්වාට අල්ලස් දීලා හොඳට හික්මුනු ඇතෙකුත් සූදානම් කරගත්තා. අමාවකේ මහා කලුවර රාත්‍රිය දා ගණ සැරේට වහින්ට පටන් ගත්තා. කුමාරයා හොරෙන් ම ඇතා පිටේ අර කොලුවාත් ඉන්දවාගෙන කුමාරි නිදියන යහන් ගබඩාව අසලට ආවා. මහා රෑ වහිනවිට කුමාරි නැගිට්ටා. පිය රජ්ජුරුවෝ සැතපෙන යහන අසල ම ඊට මිටියට පැනවූ යහනකයි කුමාරි නිදියන්නේ. රජ්ජුරුවෝ වැඩි ආරක්ෂාවට යි එහෙම කළේ. කුමාරි නැගිට්ට ගමන් රජ්ජුරුවෝ ඇහැරුනා.

"ඇයි දියණිය.... මේ මහ රෑ අවදියෙන්?"

"අනේ පියාණෙනි, අන්න වහිනවා. අනේ මට හරි ආසයි පියාණෙනි, ජනේල පඩියේ සිටගෙන වැස්සේ තෙමෙන්ට."

"හෑ... මේ මහා රෑ!"

"අනේ.... ඉතිං මං ආසයිනේ.... කෝ.... මං ආසා කිසිම දෙයක් මට දෙන්නෙ නෑ. අනේ... පියාණෙනි... මං ඉතිං ආසයිනේ වැස්සට."

"ම්.... හා... එහෙනම්... යමු..." කියලා රජ්ජුරුවෝ කුමාරිව පරිස්සමෙන් ජනෙල් පඩියට කරුවලේ ම නැග්ගුවා. කුමාරිත් ජනෙල් පඩියට නැගිලා ජනේලයෙන් එළියට පැනපු ගල් පතුරේ සිටගෙන වැස්සට තෙමුනා.

වැඩි පරිස්සමට පිය රජ්ජුරුවෝ කුමාරිගේ අතක් අල්ලාගෙන අහක බලාගෙන හිටියා. ඔය අතරේ ඇතා ජනේලය ඇති බිත්තියට හේත්තු වෙලා වැස්සේ තෙමි තෙමී උන්නා. කුමාරයා හෙමිහිට කොලුවාව ජනේල විට්ටමට නැංවුවා. එතකොට කුමාරි 'පෝඩ්ඩක් ඉන්න පියාණෙනි' කියලා කලුවරේ ම අත අරවාගෙන හනිකට වළලු ගලවා කොලුවාගේ අතේ පැළැන්දුවා. කොලුවාගේ අත රජ්ජුරුවන්ට අල්ලාගන්ට දුන්නා. දියණියගේ අත කියලා හිතාගෙන රජ්ජුරුවෝත් අත අල්ලාගත්තා. මුදු මොළොක්ව දැනෙන නිසා සැකයක් ඇති වුනේ නෑ. ඊට පස්සේ කුමාරි හෙමිහිට අනිත් අතේ වළලුත් ගලවා කොලුවාගේ අනිත් අතට දැම්මා. ගෑණු ඇඳුම් ඇඳගෙන ඉන්න නිසා කොලුවාව හඳුනාගන්ට රජ්ජුරුවන්ට බැරි වුනා. දැන් කොල්ලා නානවා. කුමාරිව ඇතු පිටේ නංවාගත් කුමාරයා වැස්සේ ම පිටත් වුනා.

"හා... හා... ඔය ඇති මයෙ දුවේ.. වැඩිය නාන්ට හොඳ නෑ" කියා රජ්ජුරුවෝ කොලුවාව ජනේලයෙන් බිමට බස්සවා ගත්තා. "හා... දැන් ගිහින් ඇඳුම් මාරු කරගෙන එන්ට. ඇවිත් නිදියන්ට" කියා කොලුවාව යහනේ නිදි කරවා රජ්ජුරුවෝ ජනේල පියන් වැසුවා. තමාත් යහනේ සැතපුනා. උදේ අවදිව බලන විට යහනේ නිදා සිටින්නේ කොලුවෙක්!

"හෑ... තෝ... හිටිං... තෝ.... කියාපිය... කෝ මයෙ කෙලී?"

"අනේ.... දේවයන් වහන්සේ මේ ගැත්තාට සමාවන සේක්වා. ඊයේ රෑ කුමාරි අසවල් පුත් කුමාරයා එක්ක ඇතා පිටින් පැනලා ගියා."

බෝසත් රජතුමා හිසේ අත් ගසාගෙන කල්පනා කරන්ට පටන්ගත්තා. 'හනේ හපොයි.... මේ ගෑණු කියන්නේ පුදුම ජාතියක්. මං අතින් අල්ලාගෙන ඉඳලත් මට මේ ස්ත්‍රිය ආක්ෂා කරගන්ට බැරිව ගියා නොවැ' කියලා මේ ගාථාවන් පැවසුවා.

(2)

කැමැති වෙලාවක ඇලා අතාරිනව මිනිස්සුන්ව
ආදරයෙන් කතා කළත් බෑ ඇලා හික්මවන්ට
නදියක් සේ ගලා යතේ බෑ එහි දිය රඳවගන්ට
සතර අපායේ යනවා අමාරු ම යි වළක්වන්ට

(3)

ඇලා පිරිමි ඇසුරු කරන්නේ -
තම හිත බැඳී තියෙනකල් විතරයි
ඇලාට ලැබෙන ධනයක් හෝ -
වෙනත් ලාභයක් පිණිසයි
ඇලාට ඕන නැති විටකදි -
පුරුෂයාට ඒ හැම දේ නැතිවෙනවා ම යි
ඇලා ගැන කිව යුත්තේ -
සියලු දේ ම වනසාලන ගින්න ය කියලයි

මෙහෙම කියලා පිය රජ්ජුරුවෝ තනියම කල්පනා කළා. "පුත්‍ර කුමාරයාවත් මං නොවැ පෝෂණය කළ යුත්තේ. දැන් ඉතිං මොනා කරන්ට ද" කියලා දෙන්නාව මාළිගාවට කැඳවා ගත්තා. කුමාරයාට කුමාරිව බන්දලා දුන්නා. කුමාරයාට යුවරාජ තනතුර පිරිනැමුවා. පිය රජ්ජුරුවන්ගේ ඇවෑමෙන් ඔහු රජබවට පත් වුනා.

භාග්‍යවතුන් වහන්සේ මේ ජාතකය වදාරා චතුරාර්ය සත්‍ය ධර්මය වදාළා. ඒ දේශනාවේ කෙළවර

ස්ත්‍රියකට සිත බැඳී සිවුර අත්හරින්ට සිතා සිටි භික්ෂුවට සිහිය උපන්නා. සෝවාන් ඵලයට පත් වුනා. "මහණෙනි, එදා පියරජුව සිටියේ මම යි" කියා භාග්‍යවතුන් වහන්සේ මේ ජාතකය නිමවා වදාළා.

03. චුල්ලපලෝභන ජාතකය

ස්ත්‍රියක විසින් පොලඹවාගත් බෝසත් කුමාරයාගේ කතාව

පින්වතුනේ, පින්වත් දරුවනේ,

මේ බිහිසුණු සංසාර ගමන සැකසී තියෙන්නේ තෘෂ්ණාව නිසා ම යි කියලා අපගේ භාග්‍යවතුන් වහන්සේ වදාළේ. ඉතින් ඒ තෘෂ්ණාව හේතුවෙන් පුද්ගලයා ඉතා පහසුවෙන් එකිනෙකාට බැඳෙනවා. නොයෙක් කාම වස්තූන්ට බැඳෙනවා. ඒ වෙනුවෙන් නෙයෙක් කර්ම රැස් කරනවා. එනිසා සතර අපායෙන් යුතු සසර දුක ඉක්මවාගත නොහැකිව අනන්ත දුක් විඳිනවා. මෙයින් සත්වයා මුදවා ගැනීම පිණිස ම යි අපගේ භාග්‍යවතුන් වහන්සේ ලොව පහළ වුනේ.

ඒ දිනවල අපගේ භාග්‍යවතුන් වහන්සේ වැඩ වාසය කළේ සැවැත්නුවර ජේතවනයේ. ඔය කාලේ එක්තරා භික්ෂුවක් කාන්තාවකගේ පෙළඹවීමට අහුවුනා. ඒ කාන්තාව මේ භික්ෂුවට සිවුරු හැර එන්න කියා පණිවිඩයක් එව්වා. මොහු සිවුරු හරින්ට සූදානම් වෙන බව භික්ෂූන් වහන්සේලා දැනගත්තා. එතකොට භික්ෂූන් වහන්සේලා මොහුව භාග්‍යවතුන් වහන්සේ ළඟට කැඳවාගෙන ගිහින් කාරණාව සැලකළා. භාග්‍යවතුන්

වහන්සේ ඒ භික්ෂුවගෙන් මේ ගැන විමසා වදාළා.

"හැබෑද භික්ෂුව, ඒ ගැහැණියගේ පෙළඹවීම මත ඔබ පැවිද්දේ කළකිරී සිවුරු හැර ගිහිවෙන්ට සිතුවාද?"

"එහෙමයි ස්වාමීනී."

"භික්ෂුව.... ඔය කාන්තාවන්ගේ හැටි ඔහොම තමා. ඉස්සර හිටිය ඉතා පවිත්‍ර සිත් ඇති අයවත් පොළඹවාගෙන ඔවුන්ව කෙලෙසා දැම්මා" කියා මේ අතීත කතාව ගෙනහැර දක්වා වදාළා.

"මහණෙනි, ගොඩාක් ඉස්සර කාලෙක බරණැස්පුරේ බ්‍රහ්මදත්ත නමින් රජ්ජුරු කෙනෙක් රාජ්‍ය කළා. මේ රජ්ජුරුවන්ට දරු සම්පත් නෑ. මේ ගැන රජ්ජුරුවෝ දුකෙන් සිටියේ. එනිසා රජ්ජුරුවෝ තමන්ගේ බිසොවුන් වහන්සේලාට කියා සිටියා දරු සම්පත් පතන්ට කියා. ඔවුනුත් පුත්‍ර සම්පත් පැතුවා.

මෙසේ කල්ගත වෙද්දී මහාබෝධිසත්වයෝ බ්‍රහ්ම ලෝකයෙන් චුත වෙලා අගමෙහෙසියගේ කුසෙහි පිළිසිඳ ගත්තා. පුත් කුමාරයා උපන් දවසේ ම සුවඳ පැනින් නහවා කිරි පෙවීම පිණිස කිරිමවුන්ට භාර දුන්නා. කුමාරයා කිරි බොද්දී හරියට අඬනවා. එතකොට වෙනත් ස්ත්‍රියකගේ අතට දුන්නා. ඒත් හඬනවා. කාන්තාවන්ගේ අතින් අතට ගියා කියලා දරුවා නාඬා හිටියේ නෑ. දිගටම හඬනවා. එතකොට ඔවුන් පිරිමි සේවකයෙක් අතට දුන්නා. ඔහු කුමාරයාව අතට ගත්තු ගමන් හැඬීම නවතා නිශ්ශබ්ද වුනා. ආයෙමත් කාන්තාවකගේ අතට ගත්තු ගමන් දරුවා හඬන්න පටන්ගත්තා. ආයෙමත් පිරිමියෙකුගේ අතට ගත්තු ගමන් හැඬීම නැවතුනා. මේ පුත් කුමාරයාට

ස්ත්‍රීන්ගේ ගන්ධය කිසිසේත් රුචි නැති බව රජ්ජුරුවෝ තේරුම් ගත්තා. ඒ නිසා මේ කුමාරයාට 'අනිත්ථිගන්ධ කුමාරයා' යන නම ලැබුනා.

දැන් අනිත්ථිගන්ධ කුමාරයා වැඩෙන්නේ පුරුෂයන්ගේ අතේ. දරුවාට කිරි පොවද්දී එක්කෝ කාන්තාවගේ කිරි බඳුනකට දොවාගෙන පොවනවා. එහෙමත් නැතිනම් කාන්තාව තිරයකට මුවා වෙලා දරුවාට කිරි පොවනවා. පුත් කුමාරයා ටිකෙන් ටික ලොකු වෙද්දී ස්ත්‍රීන් දකින්ටවත් කැමති වුනේ නෑ. රජ්ජුරුවෝ කුමාරයාට ස්ත්‍රී උපස්ථායකයන් නැති මාළිග ාවකුත්, භාවනා කරන්ට මණ්ඩපයකුත් හදා දුන්නා.

දැන් අනිත්ථිගන්ධ කුමාරයාගේ වයස දහසය අවුරුද්දක් වුනා. තාමත් පුත්‍රයාගේ වෙනසක් නෑ. රජ්ජුරුවෝ මහත් කනස්සල්ලෙන් පසු වුනා. 'අපොයි... මයෙ පුත් කුමාරයාට මක් වුනා ද? කාන්තාවකගේ මුහුණවත් බලන්නේ නෑ. රජකමටත් කැමැති වෙන එකක් නෑ. අහෝ... මගේ පුත්‍රයාට මහත් නොලැබීමක්!'

දවසක් නැටුම්, ගැයුම්, වැයුම්, ආදියෙන් දක්ෂ මනා රූ ඇති යොවුන් නාටක ස්ත්‍රියක් තමන්ගේ නැටුම් කණ්ඩායමක් එක්ක රජ්ජුරුවෝ බැහැදකින්ට ආවා.

"දේවයන් වහන්ස, මහත් කණස්සල්ලෙන් වැඩ ඉන්නේ මන්ද?"

එතකොට රජ්ජුරුවෝ තම පුත් කුමාරයාගේ වෙනස ගැන ඔවුන්ටත් කිව්වා. නාටක ස්ත්‍රිය මෙහෙම කිව්වා.

"හරි.... දේවයන් වහන්ස, එය එසේ වේවා! මං ඒ

කුමාරයාව මායා දක්වා පොළඹවාගෙන කුමාරයාව මේ ස්ත්‍රී රූපෙට ඇද බැඳ තැබුවොත්....?"

"ඉදින් මාගේ පුත්‍ර අනිත්ථිගන්ධ කුමාරයාව ස්ත්‍රී රූපයට වසඟ කරවා ඇද බැඳ තබන්ට තී දක්ෂ වුනොත් මේන්න මේකයි අනාගතේ වෙන්නේ. කුමාරයාට රජකම ලැබේවි! එතකොට ඔහුගේ අග්‍රමහේෂිකාව වන්නී තී!"

එතකොට ඇ සිය සුවිශාල දෙනයන පුංචි කොට කාමයෙන් හරිත වූ සිනාවක් පෑවා. "ම්... හරි... දේවයන් වහන්ස, ඒ කටයුත්ත මට භාරයි. දේවයන් වහන්සේ ඒ ගැන කණස්සලු නොවනු මැනව" කියා ඒ කාර්යය භාරගත්තා.

කුමාරයාගේ රැකවලට සිටින මිනිසුන් අමතා ඇ මෙහෙම කිව්වා. "මං පාන්දරින් එනවා හොඳේ... ඊට පස්සේ අපගේ කුමාරයාගේ යහන් ගබඩාව අසල ඇති භාවනා ගෘහය ළඟ මට ඉන්ට ඕනා. මං එතැනදී මිහිරි කන්කළු නදින් යුතු ගීයක් ගයනවා. හැබැයි ඒ හඬට කුමාරයා කිපුනොත් මට කියන්ට ඕනා. එතකොට කාටවත් ම නොපෙනී මට එතැනින් යන්ට ඇහැකි. හැබැයි කුමාරයා අසාගෙන සිටියොත් මට ඒ ගැනත් කියන්ට ඕනා හොඳේ!"

රැකවල්කරුවොත් ඇගේ අදහසට එකඟ වුනා. පසුවදා පාන්දර යහනේ සැතපී සිටින කුමාරයාට ඉතා මිහිරි වීණා නාදයක් ඇහෙනවා. ඒත් එක්කම ලයාන්විත ස්වරයෙන් ඇල දොල ගංගා කුරුළු කොබෙයියන් ගැන කියැවෙන සියුමැලි වදන් පෙළින් යුතු මිහිරි ගීයකුත් ඇහෙනවා. කුමාරයාට ඇහැරුනා. ආයෙමත් ඇස් වසා ගෙන සතුටු සිතින් අසාගෙන සැතපී සිටියා.

පසුවදා කලින්දාටත් වඩා ළඟින් ඒ මධුර ගී නද ඇහෙන්නට පටන්ගත්තා. කුමාරයා හිනැහීගෙන අසාගෙන සිටියා. "ෂා.... මිහිරි හඬක්. මං හරි කැමතියි ඒ ගී පදවලට. එහෙනම් එයාට කියන්ට හෙට භාවනා ගෘහයට ඇවිත් තවත් ලස්සන ගීයක් ගයන්ට කියලා" කියා කුමාරයා රැකවල්ලුන්ට කිව්වා. ටිකෙන් ටික ඈ කුමාරයා ළඟට ම ආවා. වීණා සරින් මියුරු හඬින් කන්කළු ගී ගයද්දී කුමාරයා මෝහනය වෙලා වගේ දෑස් පියාගෙන අසාගෙන සිටියා. ඈ කුමාරයාට තවත් ළං වුනා. ඈ කුමාරයාව සිප වැළඳ ගන්නා තුරු කුමාරයාට තමන්ට වෙන දේ හිතාගන්ට බැරිව ගියා. දැන් කුමාරයා සම්පූර්ණයෙන් ම අර ස්ත්‍රියට වසඟ වුනා. ඒ ස්ත්‍රිය සමඟ කාම සේවනයේ යෙදුනා. වීණා වාදනයෙන් පටන්ගෙන කාම සේවනයෙන් තමාව වසඟ කරගත් ස්ත්‍රී මායමෙන් කුමාරයා උම්මත්තකයෙක් තරමට ම වසඟ වුනා. කාම උමතුවෙන් සිහි විකල් වුනා. "ඕ... ඕ... නෑ... නෑ... වෙන කවුරුත් ඒ මිහිරි හඬ ඇසිය යුතු නෑ... ඕ... ඔව්... වෙන පිරිමියෙකුට ස්ත්‍රීන් මොකට ද. මට පමණක් ම සිටියා ම ඇති!" කියා කඩුවක් අමෝරාගෙන මිනිසුන් පස්සේ එළවන්ට පටන් ගත්තා.

රජ්ජුරුවෝ සේනාව යවා කුමාරයාව අත්අඩංගුවට ගත්තා. බේරන්ට බැරිම තැන අර ස්ත්‍රිය සමඟ කුමාරයාව නගරයෙන් පිටුවහල් කළා. දැන් අර ස්ත්‍රියයි, කුමාරයයි දෙන්නා වනගත වෙලා ගංගා නම් ගඟ ඔස්සේ පහළට ආවා. මුහුද අයිනට ආවා. එක් පසෙකින් මුහුද පේනවා. අනික් පසින් ගංගාව. ඒ දෙක අතරේ පන්සල් කුටියක් හදාගෙන දෙන්නා පදිංචි වුනා. කුමාරයා ගිහින් අල මුල් වර්ග පලතුරු ගේනවා. ස්ත්‍රිය ඒවා තම්බනවා.

දවසක් කුමාරයා එලවැල ගෙනෙන්ට වනාන්තරේට ගියා. ඔය අතරේ මුහුදේ දූපතක වාසය කරන එක්තරා තාපසයෙක් ආහාර පිඬු සිඟීම පිණිස අහසින් යද්දී පැල්පතින් දුම් නගිනවා දැක්කා. දැකලා පන්සල ළඟින් බැස්සා. ස්ත්‍රිය ඉදිරියට ආවා.

"අනේ තාපසින්නාන්ස, තව පොඩ්ඩක් වෙලා වැඩඉන්ට. අල තැම්බිලා මදි" කියා වාඩිවෙන්ට සැලැස්සුවා. ඇයට ඒ තාපසින්නාන්සේ ගැන රාගය ඇතිවුනා. නොයෙක් ස්ත්‍රී මායම්වලින් තාපසයාවත් පොළොඹවාගෙන කාම සේවනයේ යෙදුනා. තාපසයාගේ ඉර්ධිබල බිඳුනා. තටු කපාගත් කපුටෙක් වගේ අසරණ වුනා. දැන් යාගන්ට විදිහක් නෑ. එලවැල රැගෙන බෝධිසත්වයෝ එනවා දුටු තාපසයා භය වුනා. වේගයෙන් මුහුද පැත්තට දිව්වා.

"හෝ.... මේ මාගේ සතුරෙක් වෙන්ට ඕනෑ" කියා බෝධිසත්වයෝ කඩුවක් අමෝරාගෙන තාපසයා හඹා ගියා. තාපසයා වේගයෙන් ගිහින් අහසට පැන නගින්ට හැදුවා. නමුත් මුහුදු ජලයේ ම වැටුනා. එතකොට බෝධිසත්වයෝ මේ දෙස බලාගෙන සිතන්ට පටන්ගත්තා.

"ඕ... හෝ... මේ තාපසයා ආකාසෙන් ආපු කෙනෙක් වෙන්ට ඕනෑ. ධ්‍යාන බලය පිරිහී ගිහින් වගේ. ඒකයි මුහුදේ වැටුනේ. මං මෙයාට පිහිට වෙන්ට ඕනෑ" කියලා වෙරලේ සිට මේ ගාථාවන් පැවසුවා.

(1)

තමන්ගේ ම ඉර්ධිබලෙන් අහසින් නොවැ ආවේ ඔබ
මුහුදේ දිය කඳ බිඳිමින් ජලය මතින් ආවේ ඔබ
ගැහැණියකට වසඟවෙලා අසරණ වී ගියා ද ඔබ
අහසට පැන ගන්ට බැරිව මුහුදේ ගිලෙනවා ද ඔබ

(2)

ගැහැණු තමන් වෙතට පිරිමි
- කරකවලා අදින්නෝ ය
මායා දක්වා තවුසන්ගේ
- බඹසර බිඳින්නෝ ය
ලෝසත සිව් අපායෙ ඇද
- එහි ගිල්වා දමන්නෝ ය
මේ ගැන මැනවින් දත් අය
- ගැහැණුන් දුරුකරන්නෝ ය

(3)

සිය කැමැත්ත තියෙනා තෙක්
- පිරිමින් ළඟ සිටින්නෝ ය
අතමිට සරුවට ඇති තුරු
- හොඳින් බැල්ම හෙලන්නෝ ය
ගින්නක් සේ ඉඩ ලද විට
- සියලු දේ ම නසන්නෝ ය
පිරිමින්ගේ බඹසර ගුණ
- ගැහැණු නසා දමන්නෝ ය

බෝධිසත්වයෝ හඬ නගා මෙහෙම කිව්වා. එතකොට තාපසයා වතුරේ සිටියදී ම සිත සංසිඳුවා ගත්තා. තමන්ගේ නැසී ගිය ධ්‍යාන බලය උපදවා ගත්තා. කෙමෙන් කෙමෙන් අහසට පැන නැගී ඈතට නොපෙනී ගියා.

බෝධිසත්වයෝ නෙත් දල්වාගෙන ඒ දෙස බලාගෙන සිතන්ට පටන්ගත්තා. 'ෂාහ්!... හරිම අගෙයි! අපූරුයි! මේ වගේ බර සිරුරක් පුළුන් රොදක් අහසට පැන නගින්නැහේ මේ තාපසයා ආකහේ නැංග සැටි

කදිමයි! මටත් ඕනෑ ඕක තමයි. මාත් මේ තාපසයා වගේ ධ්‍යාන උපදවා ගන්ට ඕනැ. ආකහෙන් යන්ට ඕනෑ. මේ කිසි වැදගම්මකට නැති ගෑණු පරාණයකට වහවැටිලා මක්කොරන්ටද?' කියලා බෝධිසත්වයෝ නැවතත් පැල්කොටේට ගියා.

"මේ... ඔයා මේ වනාන්තරේ ඉන්න එක තේරුමක් නෑ. මිනිස් පියසට යන්ට. මං ඇරලවන්නම්" කියලා ඈව අඬගසාගෙන කැලය මැදින් මිනිස් වාසයට යන පාරට ඇරලවා ආයෙමත් වනයට ආවා. කුටියක් හදාගෙන ඍෂි පැවිද්දෙන් පැවිදි වුනා. භාවනා කොට ධ්‍යාන අභිඤ්ඤා උපදවා ගත්තා. මරණින් මතු බඹලොව උපන්නා.

භාග්‍යවතුන් වහන්සේ මේ ජාතකය වදාරා චතුරාර්ය සත්‍ය ධර්මය වදාළා. ඒ දෙසුම අවසානයේ සිවුරු හරින්ට සිතා සිටි භික්ෂුව සිහිනුවණ උපදවාගෙන උතුම් සෝවාන් ඵලයට පත් වුනා. මහණෙනි, එදා ස්ත්‍රීන්ගේ පෙළඹවීමෙන් නොමග ගිය අනිත්ථිගන්ධ කුමාරයාව සිටියේ මම යි" කියා භාග්‍යවතුන් වහන්සේ මේ ජාතකය නිමවා වදාළා.

04. මහාපණාද ජාතකය

මහාපණාද රජ්ජුරුවන්ගේ කතාව

පින්වතුනේ, පින්වත් දරුවනේ,

පෙර සංසාරේ රැස්කළ පින් පල දෙන හැටි හරි පුදුමයි. මේ කතාවෙන් කියවෙන්නේ එබඳු දෙයක්. මේ බුදුසසුනේ වැඩ සිටි භද්දජී මහරහතන් වහන්සේගේ ආනුභාවයත් මේ කතාවෙන් විස්තර වෙනවා.

එක්තරා කාලයක අපගේ භාග්‍යවතුන් වහන්සේ සැවැත්නුවර ජේතවනයේ වස් වැසලා සිටියේ. භාග්‍යවතුන් වහන්සේගේ මහා කරුණා ඤාණයට භද්දිය නගරයේ මහා පින් ඇති භද්දජී නමැති සිටු කුමාරයෙකුව අරමුණු වුනා. ඉතින් වස් කාලයෙන් පස්සේ භාග්‍යවතුන් වහන්සේ භික්ෂු සංඝයා පිරිවරාගෙන භද්දිය නගරයට වැඩියා. ඒ නගරයේ ජාතියා වනයේ වැඩ සිටියා. ඔය භද්දිය නගරයේ අසූ කෝටියක ධනය ඇති මහා යස පිරිවර ඇති භද්දිය නමින් සිටුවරයෙක් සිටියා. ඔහුගේ පුතාට යි භද්දජී කුමාරයා කියන්නේ.

සීත ඍතුව, ගිම්හාන ඍතුව, වස්සාන ඍතුව යන ඍතු තුනට මේ භද්දජී කුමාරයාටත් අලංකාර ප්‍රාසාද තුනක් තියෙනවා. අවුරුද්දේ මාස හතරක් එක් ප්‍රාසාදයක කුමාරයා වාසය කරනවා. එතැනින් ඊළඟ ප්‍රාසාදයට

යද්දී මහා පෙරහැරකිනුයි කුමාරයා යන්නේ. එතකොට කුමාරයාගේ ශ්‍රී සෞභාග්‍යය බලන්ට භද්දිය නගරවාසීන් රැස්වෙනවා. පාර දෙපස සෙනඟ පිරෙනවා. ඇඳන් පිට අඳන් තබා ඒ මත ඉඳගෙන කුමාරයාගේ ගමන බලා ඉන්නවා.

භාග්‍යවතුන් වහන්සේ තුන් මාසය ඇවෑමෙන් "පින්වත්නි, අපට දැන් පිටත් වෙන්ට කල් පැමිණුනා" කියා මිනිස්සුන්ට දැනුම් දුන්නා. "අනේ ස්වාමීනී, එහෙනම් හෙට වඩින්ට" කියා භද්දිය නගරවාසීන් භාග්‍යවතුන් වහන්සේ ප්‍රමුඛ භික්ෂු සංඝයාට දානයට ආරාධනා කළා. නගර මධ්‍යයේ අලංකාර මණ්ඩපයක් පිළියෙල කළා. ප්‍රණීත දන්පැන් සකස් කළා. භාග්‍යවතුන් වහන්සේත් භික්ෂූන් පිරිවරාගෙන නියමිත වෙලාවට ශාලාවට වැඩම කළා. එදා මුළු නගරවාසීන් ම එකතුවෙලා සිටියේ භාග්‍යවතුන් වහන්සේ උදෙසා පූජා කරන දානයට සහභාගී වෙන්ටයි. දානයෙන් පස්සේ භාග්‍යවතුන් වහන්සේ පුණ්‍යානුමෝදනා බණ දෙසන්ට පටන් ගත්තා.

ඒ අවස්ථාවේ භද්දජී කුමාරයා තමන්ගේ එක් ප්‍රාසාදයකින් තවත් ප්‍රාසාදයක් බලා යන්ට පිටත් වෙලා තිබුනා. එදා භද්දජී කුමාරයාව බලන්න කවුරුවත් ඇවිත් සිටියේ නෑ. තමන්ගේ පිරිවර සෙනඟ විතරයි. කුමාරයා සේවකයන්ගෙන් මෙහෙම ඇසුවා.

"ම්... අද වීදිය පාලුයි. වෙනදාට මං ප්‍රාසාදයකින් ප්‍රාසාදයකට යන අයුරු බලන්ට මොනතරම් සෙනඟක් එනවාද... මේ හැමතැනම සෙනඟ ඉන්නවා. ඇඳන් පිට ඇඳන් තියාගෙන ඒ මත නැගී බලාන ඉන්නවා. කෝ අද කවුරුවත් නැනේ. මොකද මෙහෙම වුනේ?"

"ස්වාමී.... අපගේ සම්මා සම්බුදුරජාණන් වහන්සේ මේ නගරයට වැඩම කරලා තුන් මාසයක් ම ජාතියා වනයේ වැඩ සිටියා. දැන් උන්නාන්සේ ආපසු චාරිකාවේ වඩිනවා. ඉතින් මිනිස්සු මහා දානයක් පූජා කරලා. දැන් උන්නාන්සේ දහම් දෙසනවා. මිනිස්සු බණ අහන්ට එකතුවෙලා. ඒකයි නැත්තේ."

"ඕ... හෝ.... එහෙනම් ඉතිං අපිත් යමුකෝ බණ අහන්ට. මාත් කැමතියි උන්වහන්සේ බණට කියන්නේ මොනාද කියා දැනගන්ට" කියලා භද්දජී කුමාරයා තමන් පැළඳ සිටි ආභරණ සහිතව ම තමන්ගේ පිරිවර සේනාවත් එක්ක බණ අහන්ට ගියා. පිරිසට බාධාවක් නොවන පරිදි තමාත් පිරිස කෙළවරේ සිට බණ අසාගෙන සිටියා. ඒ ධර්මයට සවන්දී සිටි භද්දජී කුමාරයාගේ සිත ටිකෙන් ටික එකඟ වුනා. ජීවිතේ යථා ස්වභාවය අවබෝධ වෙන්ට පටන් ගත්තා. මාර්ගඵල පිළිවෙළින් අරහත්වයට පත් වුනා.

එදා භද්දජී කුමාරයාත් එක්ක භද්දිය සිටුතුමාත් ගිහින් හිටියා. ශාස්තෘන් වහන්සේ සිටුතුමා අමතා මෙය වදාළා. "මහා සිටුවරය, ඔබගේ පුත්‍රයා අලංකාර ඇඳුම් ආයිත්තම්වලින් සැරසී සිටි නමුත් දැන් මේ ධර්මශ්‍රවණය තුළින් අර්හත්වයට පත් වුනා. දැන් නැවත ගිහි ජීවිතයට යන්ට නුසුදුසුයි. එක්කෝ අද ම පැවිදි වෙන්ට වෙනවා. එහෙම නැත්තම් පිරිනිවන් පාන්ට වෙනවා."

"අනේ ස්වාමීනී, මගේ පුත්‍රයාගේ පිරිනිවන් පෑමක් සිදුවිය යුතු නෑ. මොහුව පැවිදි කරගත මැනව. පැවිදි කරගෙන හෙට අපගේ සිටුනිවසට දානයට වඩිනු මැනව."

එදා භාග්‍යවතුන් වහන්සේ භද්දජී කුලපුත්‍රයාව

ජාතියා වනයට කැඳවාගෙන ගිහින් පැවිදි කොට උපසම්පදාව දී වදාළා. භද්දජි රහතන් වහන්සේගේ දෙමාපියෝ සතියක් ම මහදන් පැවැත්තුවා.

ඒ සත්දින ඇවෑමෙන් භාග්‍යවතුන් වහන්සේ භික්ෂු සංඝයා පිරිවරා භද්දිය නගරයෙන් පිටත්ව කෝටිගමට වැඩම කළා. කෝටිගම්වැසියෝ බුද්ධ ප්‍රමුඛ භික්ෂු සංඝයාට මහදන් පැවැත්තුවා. භාග්‍යවතුන් වහන්සේ අනුමෝදනා ධර්ම දේශනාව ආරම්භ කළා. එතකොට භද්දජි රහතන් වහන්සේ කෝටිගමෙන් පිටතට ඇවිත් ගංගා තීරයේ එක්තරා රුක් සෙවනක 'භාග්‍යවතුන් වහන්සේ වඩින විට නැගිටින්නෙමි' යි අදිටන් කරගෙන ධ්‍යානයට සමවැදුනා. ඒ අතරවාරයේ මහලු තෙරුන්නාන්සේලා වැඩියා. නමුත් එවිට නොනැගිටි භද්දජි භික්ෂුව භාග්‍යවතුන් වහන්සේ වඩිනකොට ම ධ්‍යානයෙන් මිදී ආසනයෙන් නැගී සිටගත්තා. භික්ෂූන් වහන්සේලා අතර සිටි මාර්ගඵල නොලද පෘථග්ජන භික්ෂූන් මේ ගැන අසතුටට පත් වුනා. 'හහ්... මේං වැඩක්!... මෙයැයිට කලියෙන් පැවිදි ව සිටින බොහෝ වස් ගණනක් ඇති මහතෙරුන් වහන්සේලා වඩිද්දී දැක දැකත් නැගිට්ටේ නෑ... නවක පැවිද්දාගේ හික්මීම නම් යසයි!' කියා බැම හකුලා බලා සිටියා.

කෝටිගම්වාසීන් භාග්‍යවතුන් වහන්සේටත් භික්ෂූන් වහන්සේලාටත් නැව්වලට වඩින්ට කුඩා ඔරු එකට බැඳ පාලමක් තනා තිබුනා. භාග්‍යවතුන් වහන්සේ පාලමට වැඩම කොට "භද්දජි කොහිද?" කියා අසා වදාළා.

"ස්වාමීනී, මං මෙතැන ඉන්නවා."

"එන්න භද්දජි, අපත් සමග එක නැවේ යන්ට මේකට ගොඩවෙන්ට."

එතකොට භද්දජී තෙරුන් භාග්‍යවතුන් වහන්සේ වැඩසිටි නැවට ගොඩ වුනා. නැව ක්‍රමයෙන් ගංගාවේ මැදට ගියා. භාග්‍යවතුන් වහන්සේ භද්දජී තෙරුන් අමතා වදාළා.

"භද්දජී, ඔබ මහාපණාද රජ්ජුරුවෝ වෙලා සිටි කාලේ වාසය කළ මහා ප්‍රසාදය දැන් කොහේද තියෙන්නේ?"

"ස්වාමීනී, මේ ගංගාවේ මේන්න මේ හරියේ ඒක ගිලිලා තියෙන්නේ. මේං මේ දියසුළිය කැරකෙන්නේ එතැනයි."

එතකොට පෘථග්ජන භික්ෂූන් සිතුවේ භද්දජී තෙරුන් බොරුවට අරහත්වය ප්‍රකාශ කරනවා ය කියලයි. ශාස්තෲන් වහන්සේ මෙසේ වදාළා. "එහෙනම් භද්දජී, සබ්‍රහ්මචාරීන් වහනසේලාගේ සැක සිඳින්ට."

එතකොට භද්දජී තෙරුන් භාග්‍යවතුන් වහන්සේට වන්දනා කොට අහසට පැන නැංගා. නැවත පහළට ඇවිත් ප්‍රාසාදයේ කොන තමන්ගේ ඇඟිලිවල පටලවා ගත්තා. විසිපස් යොදුනක් උස ප්‍රාසාදය අහසට එසෙව්වා. අහසට ඔසවද්දී එකිනෙකට පිහිටි තට්ටු පේන්න පටන්ගත්තා. යොදුනක්, දෙකක්, තුනක් ආදී වශයෙන් විසියොදුනක් ම ප්‍රාසාදය ජලයෙන් උඩට එසෙව්වා.

එතකොට ප්‍රාසාදයේ ඒ ඒ තැන කවුළුවලින් මාළුවෝ, ඉබ්බෝ, ගෙම්බෝ, දියබරි ආදී සතුන් ලිස්ස ලිස්සා ජලයට වැටෙන්ට පටන්ගත්තා. භාග්‍යවතුන් වහන්සේ මෙසේ වදාළා. "ඕං භද්දජී, ප්‍රාසාද ලෝභයෙන් වාසය කළ ඔබේ පෙර ආත්මේ නෑදෑයෝ ජලයට

වැටෙනවා. ඔවුන්ට එය වෙහෙසයි." එතකොට භද්දජී තෙරුන් ප්‍රාසාදය අතහැරියා. ප්‍රාසාදය හෙමින් හෙමින් ආයෙමත් දිය යටට බැස්සා.

භාග්‍යවතුන් වහන්සේ ගංගාවෙන් එතෙරට වැඩියා. ගංතෙරේ පනවන ලද අසුනේ වැඩ සිටියා. ළහිරු රැ ස් විහිදෙන හිරුමඬලක් වගේ භාග්‍යවතුන් වහන්සේ බැබළුණා. භික්ෂූන් වහන්සේලා භාග්‍යවතුන් වහන්සේගෙ න් මෙහෙම ඇසුවා.

"ස්වාමීනී, මේ භද්දජී තෙරුන් ඒ ප්‍රාසාදයේ වාසය කළේ කොයි කාලෙ ද?"

"මහණෙනි, මේක වුනේ මහාපනාද රජ කාලේ" කියා භාග්‍යවතුන් වහන්සේ මේ අතීත කතාව ගෙනහැර දක්වා වදාළා.

"මහණෙනි, ගොඩාක් ඉස්සර කාලේ විදේහ රටේ මිථිලා නුවර සුරුචි නමින් රජෙක් සිටියා. ඔහුගේ පුත්‍රයාට තිබුනෙත් සුරුචි යන නම ම යි. ඒ සුරුචි පුත්‍රයාට මහාපණාද නමැති පුත්‍රයෙක් සිටියා. ඒ පියාත් පුතාත් වාසය කළේ අපි දැකපු ඒ ප්‍රාසාදයේ. ඒ ප්‍රාසාදය ඔවුන්ට ලැබුණේ පෙර ආත්මයේ කළ පින්කමක් නිසයි.

ඒ පිය, පුත්‍ර දෙන්නා එක්තරා කාලයක බටපතුරු වැඩ කරන පවුලක උපන්නා. ගංගා තීරයේ වැඩහුන් පසේබුදුරජාණන් වහනසේ නමකට බට පතුරුවලිනුයි දිඹුල් ලීවලිනුයි කුටියක් කරවා දුන්නා. ඒ විදිහට පසේබුදුවරයන් වහන්සේලා හත් නමකට උපස්ථාන කළා. ඒ පින් බලයෙන් ඒ දෙන්නා දෙව්ලොව උපන්නා. මහාපණාද කුමාරයා උපන්නාට පස්සේ සිය පියාණන් වූ

සුරුචි රජතුමාට පුතා වෙනුවෙන් ප්‍රාසාදයක් කරවන්ට ඕනෑ වුනා. එතකොට සක් දෙවිඳුගේ අණ කිරීමෙන් විස්කම් දෙව්පුතු ඇවිත් ඒ විසිපස් යොදුන් ප්‍රාසාදය නිර්මාණය කොට දුන්නා.

මෙසේ වදාළ භාග්‍යවතුන් වහන්සේ යළි මේ ගාථාවන් වදාළා.

(1)

මහපනාද යන නාමය ඒ රජු හට ලැබුනේ
රත්තරනින් කළ පහයකි ඔහු වෙනුවෙන් මැවුනේ
පළලින් ඒ පහය සොළොස් කොටසකට යි බෙදුනේ
දහස් කොටසකින් එය උඩු අතට ය ගොඩ නැගුනේ

(2)

දහස් කොටසකින් වෙන් වී උඩට යි එය සැදුනේ
සිය මහලක් ලෙසින් පහය කොඩි ඔසවා තිබුනේ
කවුළු දොරටු හැම දෙයක් ම
- කොළ මැණිකෙන් සැදුනේ
හය දහසක් නටන රඟුම් සත් තැනකදි තිබුනේ

(3)

භද්දජි පැවසූ ලෙසින් ම පහය එදා තිබුනේ
පෙර කළ පින් පලදුන් හැටි ම ය හැම තැන පෙනුනේ
සක්දෙවිඳුන් ලෙසට මගේ අතිනුත් වැඩ කෙරුනේ
එදා භද්දජීට මගෙන් නිසි උවටැන් ලැබුනේ

ඒ කාලේ මහාපණාද රජ්ජුරුවන් කිසි විටෙකත් සිනහසුනේ නෑ. ඔහුව සිනහගස්සවන්ට කාටවත් ම බැරි වුනා. මිනිස්සු නොයෙක් නොයෙක් ජවනිකා පෙන්නුවා. නමුත් රජ්ජුරුවෝ සිනහසුනේ නෑ. අන්තිමේදී සක්දෙවිඳු

දෙව්ලොවින් නළුවෙක් එව්වා. ඔහුගේ රංගනය දුටු දවසේ තමයි රජතුමා හිනැහුනේ. එදා ගංගා තීරයේ වැඩ සිටි භාග්‍යවතුන් වහන්සේ ඉදිරියේ භද්දජි තෙරුන් මහාපණාද රාජකාලය ගැන විස්තර වශයෙන් පැවසුවා. භාග්‍යවතුන් වහන්සේ ඒ හැම දෙයක් ම සත්‍ය බවට වදාළා. එතකොට භික්ෂූන් වහන්සේලාගේ සැකය නැතිව ගියා.

මහණෙනි, එදා මහාපණාද රජ්ජුරුවෝ වෙලා සිටියේ මේ භද්දජී. සක් දෙවිඳු වෙලා සිටියේ මම යි” කියා භාග්‍යවතුන් වහන්සේ මේ ජාතකය නිමවා වදාළා.

05. බුරප්ප ජාතකය

සොරුන්ගේ ඊතල ඉදිරියේ නැති නොගත් තරුණයාගේ කතාව

පින්වතුනේ, පින්වත් දරුවනේ,

ජීවිතයක සාර්ථකත්වය උදෙසා බලපාන ප්‍රධාන ම දෙය කැපවීම යි. කැපවීම කියන්නේ බාහිර වැඩ කටයුතුවලට යෙදී කාලය නාස්ති නොකොට වැදගත් කටයුත්තකට පමණක් සිත යොදා වැඩ කිරීමයි.

බුද්ධ කාලයේ පැවිදි වූ බොහෝ භික්ෂූන් වහන්සේලා තමන් පැවිදි වූ ඉලක්කය සපුරාගන්නා තුරු දෙතිස් කතාවලට නොපැටලී, වෙනත් බාහිර කටයුතුවල නොයෙදී නිකෙලෙස්වන තුරු ම ධර්මය පුරුදු කිරීමට කැප වුනා. නමුත් ධර්මාවබෝධයට පින තියෙන ඇතැම් භික්ෂූන් වහන්සේලා ධර්මයෙහි හැසිරීමේ උනන්දුව අත්හැර අලසව කල් ගෙවූ අවස්ථා තියෙනවා. මෙයත් එබඳු කතාවක්.

ඒ දිනවල අපගේ භාග්‍යවතුන් වහන්සේ වැඩ වාසය කළේ සැවැත්නුවර ජේතවනයේ. ඔය කාලේ සැවැත්නුවර තරුණයෙක් ඉතාම ශ්‍රද්ධාවෙන් සසුන්ගත වුනා. නමුත් ටික දවසක් ගතවෙද්දී ධර්මයේ හැසිරීමේ

උනන්දුවක් නැතිව විහිළු තහළුවෙන් කල් යවන බව පෙනුනා. එතකොට භික්ෂූන් වහන්සේලා මේ භික්ෂුව භාග්‍යවතුන් වහන්සේ වෙත කැඳවාගෙන ගියා. ගිහින් කරුණු සැලකළා. එතකොට භාග්‍යවතුන් වහන්සේ ඒ භික්ෂුවගෙන් මෙය අසා වදාළා.

"හැබෑද භික්ෂුව, දැන් ධර්මයේ හැසිරීම අත්හැරලා ඔහේ නිකාම්ම කල්ගත කරනවා කියන්නේ?"

"එහෙමයි ස්වාමීනී."

"භික්ෂුව, මෙලොවදී ම සියලු දුකින් නිදහස් කරවා අමා නිවන පසක් කරවා දෙන සසුනක පැවිදි වෙලා වීරිය අත්හළේ ඇයි? ඉස්සර සිටිය නුවණැත්තෝ නිවන් ලබා දෙන කරුණකදී නොව, මේ සාමාන්‍ය දේකදිත් බලවත් උත්සාහයෙන් කටයුතු කරලා තියෙනවා නොවැ" කියා භාග්‍යවතුන් වහන්සේ මේ අතීත කතාව ගෙනහැර දක්වා වදාළා.

"මහණෙනි, ගොඩාක් ඉස්සර කාලෙක බරණැස්නුවර බ්‍රහ්මදත්ත නමින් රජ්ජුරු කෙනෙක් රාජ්‍ය කළා. ඔය කාලේ මහා බෝධිසත්වයෝ එක්තරා වන සංරක්ෂණ කුලයක උපන්නා. වයසින් මෝරා ගියාට පස්සේ වන ආරක්ෂක පන්සියයක් පිරිවර ඇතිව සියල්ලන්ගේ නායකයා වශයෙන් කටයුතු කළා. බෝධිසත්වයෝ ඒ කාලේ වාසය කළේ වනාන්තරයට යාබද ගම්මානේ. වනය මැදින් යන පාරෙන් අනිත් නගර ගම්මානවලට යන මිනිස්සු බෝධිසත්වයන්ට කුලියක් දෙනවා. එතකොට බෝධිසත්වයෝ ඔවුන්ව සොරසතුරන්ගෙන් වන සතුන්ගෙන් අනතුරු නොවන පරිදි වනයෙන් අනිත් පැත්තට රැගෙන යනවා.

දවසක් බරණැසවාසී ගැල් නායක පුත්‍රයෙක් ගැල් පන්සියයක් සමඟ වනාන්තරයෙන් එතෙර වෙන්ට හිතාගෙන ඒ ගමට ආවා. ඇවිදින් බෝධිසත්වයන්ව කැඳෙව්වා. "මිත්‍රයා... මෙතන කහවණු දහසක් තියෙනවා. මාව අපේ මේ පිරිසත් එක්ක වනාන්තරෙන් එහා පැත්තට ඇරලවන්න."

ඉතින් බෝධිසත්වයෝ අර ගැල්නායකයාගෙන් කහවනු දහස අතට ගත්තා. අතට ගත් මොහොතේ ම තමන්ගේ ජීවිතාශාව අත්හැරියා! ඒ කියන්නේ අර ගැල් නායකපුත්‍රයා වෙනුවෙන් ජීවිතය පරිත්‍යාග කළා. ඊට පස්සේ බෝධිසත්වයෝ අර පිරිසත් රැගෙන වනය මැදින් ගමන් ගත්තා.

එක්වරම මහා හඬින් කෑ ගසාගෙන දුනු ඊතල මානාගෙන, කඩු පොලු කිනිසි අරගෙන සොරු පන්සියයක් කන්දෙන් පහළට මේ පිරිස දෙසට දුවගෙන ආවා. මිනිස්සු හොඳටම මරණ භයට පත් වුනා. ඔවුන් කෑගසාගෙන මුනින් අතට දිගා වුනා. වන ආරක්ෂක නායකයා තනියම මහහඬින් කෑගසා ඔවුන්ගේ හඬ යටපත් කළා. අර පන්සීය මැදට පැන ඔවුන්ට පහර දුන්නා. එතකොට භීතියට පත් සොර මුල පලා ගියා. ගැල් නායක පුත්‍රයාවත් ඔහුගේ පිරිසත් සුවසේ වනාන්තරයෙන් එතෙර කෙරෙව්වා. වනාන්තරයෙන් එළියට ගිය ගැල් නායක පුත්‍රයා ගැල සුදුසු තැනක නවත්වලා වනාරක්ෂක නායකයාට නොයෙක් ප්‍රණීත භෝජනාදියෙන් සංග්‍රහ කළා. තමාත් ආහාර අනුභව කළා. ඔහු සමඟ සතුටු සාමීචි කතාවේ යෙදුනා. වනාරක්ෂක නායකයාගෙන් මෙහෙම ඇසුවා.

"ප්‍රිය මිත්‍රය... ආවුධ අතට අරගෙන සොරු කඩාපැන්න හැටි මතක් වෙනකොට මාව සලිත වෙනවා. දැක්කාද උන් පැනපු බිහිසුණු විදිහ. සොරු මහා දරුණුයි නොවැ. ඒ භයංකර අවස්ථාවේ ඔබේ සිතේ තැතිගැනීමක් නූපන්නේ කොහොමද කියලයි මට ගැනගන්ට ඕනෑ" කියල මේ පළමු ගාථාව ඇසුවා.

(1)

දුනු ර්තල මානාගෙන -
තෙල් ගෑ ඒ මුවහත් කඩු ඔසොවාගෙන
මුළු වන ගැබ දෙදරාගෙන -
කඩාපැන්න විටදි සොරුන් හඬ දීගෙන
හැම දෙනාම වැටුන විටදි උන්නෙ -
පපුව මහ පොළොවට බර දීගෙන
ඔබ කොහොමද සිටියේ එහි -
කිසිදු බියක් තැතිගැන්මක් නොමැති සිතින

එතකොට ඒ වනාරක්ෂක නායකයා මේ ගාථාවන්ගෙන් පිළිතුරු දුන්නා.

(2)

දුනු ර්තල මානාගෙන -
තෙල් ගෑ ඒ මුවහත් කඩු ඔසොවාගෙන
මුළු වන ගැබ දෙදරාගෙන -
කඩාපැන්න විටදි සොරුන් හඬ දීගෙන
හැම දෙනාම වැටුන විටදි උන්නෙ -
පපුව මහ පොළොවට බර දීගෙන
ඒ මොහොතේ මං සිටියේ -
බලවත් වූ උදාර වූ සිතින් තුටින

(3)

ඔබේ මුදල ගත් මොහොතේ -
ඔබ වෙනුවෙන් මං මාගේ දිවි දුන්නා
කලින්ම දිවි පිදූ නිසා -
සතුරන් මැද එඩිතර ලෙස මං උන්නා
ජීවිතයට ඇලී බැඳී ආසාවෙන් -
සිටිය පිරිස එහි බිම වැතිරී උන්නා
වීරිය ඇති පුරුෂයාගෙ එඩිතරකම ඉදිරියේ -
සොරමුල ඉවතට සැඟවී යන්නා

ඉතින් මහණෙනි, එදා ඒ වනාරක්ෂක නායකයා ජයගත්තේ තමාගේ වගකීම භාරගත් මොහොතේ ම ජීවිතාශාව අත්හළ නිසයි. තමන්ගේ වීර්යවන්ත කටයුත්ත සම්පූර්ණ කරලා ගැල් නායක පුත්‍රයා වනයෙන් ඈරලවා තමන් නැවතත් ගමට ආවා. දානාදී පින්කම් කොට සතුටින් ජීවිතය අවසන් කළා.

මෙය වදාළ භාග්‍යවතුන් වහන්සේ චතුරාර්ය සත්‍ය ධර්මය වදාළා. ඒ දෙසුම අවසානයේ ධර්මයේ හැසිරීමේ උත්සාහය අත්හැර සිටි භික්ෂුව රහත් ඵලයට පත් වුනා. "මහණෙනි, එදා වනාරක්ෂක නායකයාව සිටියේ මම යි" කියා භාග්‍යවතුන් වහන්සේ මේ ජාතකය නිමවා වදාළා.

06. වාතග්ගසින්ධව ජාතකය

වාතග්ගසින්ධව නමැති බෝසත් අශ්වයාගේ කතාව

පින්වතුනේ, පින්වත් දරුවනේ,

මේ ලෝකයේ ජීවත්වෙන ඇතැම් මිනිසුන්ගේ ලාමක ගති බුද්ධ කාලයේදීවත් වෙනස් වී නැහැ. සංසාරයේ තම තමන් තුළ තිබූ අනවශ්‍ය පුරුදු ඒ විදිහට ම තිබී තියෙනවා. මෙය එබඳු කතාවක්. ඒ දිනවල අපගේ භාග්‍යවතුන් වහන්සේ වැඩ වාසය කළේ සැවැත්නුවර ජේතවනයේ. ඔය කාලේ සැවැත්නුවර එක්තරා ස්ත්‍රියක් සිටියා. ඈට පියකරු රූ සපුවක් තිබුනා. දිනක් ඈ ඉතාම කඩවසම් ප්‍රියමනාප විවාහක පුද්ගලයෙකු දැක්කා. දැකපු වේලාවේ පටන් මේ ගෑණිට පිස්සු වගේ. තමන්ගේ ලාමක ආශාවන් ඇවිස්සිලා ගියා. රාග ගින්නෙන් මුළු ඇඟ ම ගිනි ගත්තා. දැන් ඈට ඇඟපතේ සනීපෙකුත් නෑ. සිතේ සැනසීමකුත් නෑ. කෑම බීමත් එපා වුනා. ඇඳේ වැටිලා ඇඳ විට්ටම බදාගෙන වැතිරිලා ඉන්නවා.

එතකොට ඇගේ යෙහෙළියෝ අසනීපයෙන් සිටින ඇය බලන්ට ආවා. "හෑ... මේං.... මේ යසට හිටපු එකී.... මොකෝ මේ ඇඳ විට්ටම බදාගෙන, ජනෙල් කවුළුවෙන් ඈත බලාගෙන සුසුම් හෙල හෙලා වැතිරී ඉන්නේ...?

මේකිට නම් මොකාක් හරි අමුතු ලෙඩක් හැදිලා වගේ... අනේ යෝදියේ කියාපං. බේතක් හේතක් ඕනෑ නම් ගෙනත් දෙන්නම්."

එතකොට ඇට උපස්ථාන කරන කාන්තාවෝ මෙහෙම කිව්වා. "නෑ... අක්කේ... අපිත් අහනවා අහනවා... මෙයා කියන්නේ නෑ. හිතේ තියාගෙන නිකාං විඳෝනවා!"

එතකොට ඇගේ යෙහෙළියෝ නැවත නැවත ඇවිටිලි කරමින් ඇගෙන් අහන්ට පටන් ගත්තා. එතකොට අන්තිමේදී ඇගේ අදහස කිව්වා. ".... ඔව් අනේ.... මට... එයාව දැක්ක ගමන් මොකදෝ වුනා.... අනේ බං.... මට එයාව දවසකට හරි ඕනෑ.... නැත්තම් මං වලපල්ලට යනවා. ඒක සැපයි."

"හෑ... මොකාක්... වලපල්ලට යන්ට දෙයක් මේකේ නෑ කෙල්ලේ... මං ඒ අයියණ්ඩිව දන්නවා. අපේ මස්සිනාගේ යාළුවෙක්. ඒ නිසා ඒ ගැන ඔතරම් හිතන්ට කාරි නෑ. හොඳට කාලා නාලා හිටිං. අපි ඒ අයියණ්ඩිව එක්කරගෙන එන්නං."

ඉතින් ඇගේ යෙහෙළියෝ ඒ පවුල්කාරයාව මුණ ගැසී අර කාන්තාවගේ අදහස කිව්වා. ඒ පුරුෂයා කොහෙත්ම කැමැති වුනේ නෑ. "අනේ අයියණ්ඩි... අපට ඇගේ පණ කෙන්ද රැකලා දෙන්ට... ඒ වෙනුවෙන් ඒ ඇගේ අදහසට කැමැති වෙන්ට" කියා බොහෝ වාරයක් පිංසෙන්ඩු වෙලා අමාරුවෙන් කැමැති කරවා ගත්තා.

"එහෙනම් අයියණ්ඩි... අසවල් දවසේ නොවරදවාම එනවා නේ..." කියලා දිනත් නියම කරගත්තා. යෙහෙළියෝ

ගොහින් ඇයට කරුණු කියා සැනසුවා. දැන් ඈ සතුටින් ඉපිල ගියා. එදා ඈ ගෙදර ඇතුළු යහන්ගැබ ලස්සනට සැරසුවා. තමාත් සුවඳ පැන් නාලා ලස්සන ඇඳුමක් ඇඳගත්තා. ඇඳේ වාඩිවෙලා මෙහෙම හිතුවා. 'මං ඉදින් එයා ආ ගමන් වැඩේට කැමැති වුනොත් මගේ තත්වෙට හරි මදි. ඒ නිසා මං ටිකාක් ගණන් උස්සන්ට ඕනෑ. ඊට පස්සේ එයාව හෙමිහිට කැමති කරවාගන්ට ඕනෑ. අද ආ ගමන්ම මං කැමැති බවක් පෙන්නන්ට ඕනම නෑ. එතකොට ඊළඟ දවසේ අපට එකතු වෙන්ට බැරියැ' කියා සතුටින් ඉපිලී ඉපිලී මවාගත්තු ලැජ්ජාවකින් හිටියා. කියපු වෙලාවට ම ඒ පුරුෂයා ආවා. ගෙට ඇවිත් ඇඳෙන් වාඩි වුනා. ඇගේ අතින් ඇද්දා. එතකොට ම ඈ "හහ්... අනේ නිකා ඉන්ට... මළ කෝළං! යනවා යන්ට" කියලා අත ගසා දැම්මා. එතකොට අර පුරුෂයාට වස ලැජ්ජාවක් හටගත්තා. නිශ්ශබ්දව නැගිටලා තමන්ගේ ගෙදර ම ගියා. ඇගේ යෙහෙළියන්ටත් වැඩේ ගැස්සිලා ගිය බව ආරංචි වුනා. ඔවුන් ඇවිත් ඇට දොස් කියන්ට පටන් ගත්තා.

"ඈ... උඹ කළ වැඩේ යසයි... අපි කොයිතරම් අමාරුවෙන් ද ඔය මනුස්සයාව කැමැති කරවා ගත්තේ... ඒ මදිවාට ඒ මිනිහා ම ඕනෑ කියලා නොකා නොබී හඬ හඬා හිටියා. මදෑ කරගත් හරිය... ඇත්ත කියාපං ඇයි උඹ අත ගසා දැම්මේ?"

"අනේ ඒ මෙහෙමයි" කියා ඈ සිතු හැටි විස්තර කළා. "අනේ ඉතිං එහෙනම් දැන් අපට කරන්ට දෙයක් නෑ" කියලා ඇගේ යෙහෙළියෝ යන්ට ගියා. එදායින් පස්සේ අර පුරුෂයා ඒ ගෙවල් පැත්ත බැරිවෙලාවත් බලන්නේ නැතුව ගියා.

එතකොට ඇට ආයිමත් සාංකාව හැදුනා. ඒ ගැනම සිත සිතා නොකා නොබී ඉඳලා මරණයට පත් වුනා. එතකොට අර පුරුෂයාටත් ඈ මළ බව ආරංචි වුනා. ඔහු බොහෝ සුවඳ මල් ගෙන ජේතවනයට ගිහින් භාග්‍යවතුන් වහන්සේට පූජා කොට එකත්පස්ව වාඩිවුනා.

"මොකද උපාසක ටික දවසක් දකින්ට නැතිව සිටියේ?" කියා භාග්‍යවතුන් වහන්සේ අසා වදාළා.

"අනේ ස්වාමීනී, මට මහා අකරතැබ්බයක් වුනා.... ඉතිං ස්වාමීනී, ඔය මැරුණ කාන්තාව නිසා මටත් වස ලැජ්ජාවක් වුනේ. මං එළියට බැහැගන්ට බැරිව මෙතෙක් දවස් උන්නේ" කියලා ඔහු සියලු විස්තර කියා සිටියා.

"උපාසක, ඔය කාන්තාව තමන්ගේ කෙලෙස් අවුස්සාගෙන අන්‍යයන්ව තමන්ගේ ළඟට කැඳවාගෙන ලැජ්ජාවට පත් කළේ මේ ආත්මේ විතරක් නොවේ. ඔයිට කලිනුත් ඔය විදිහට ම නුවණැතියන්ව රාගය පිණිස පොළඹවාගෙන ඔවුන් ළඟට ආ විට පීඩාවට පත්කොට එළවා ගත්තා."

"අනේ ස්වාමීනී... ඔය තැනැත්තී කලින් ආත්මෙත් ඒ විදිහට කටයුතු කළ හැටි කියා දෙන සේක්වා" කියා භාග්‍යවතුන් වහන්සේගෙන් ඉල්ලා සිටියා. භාග්‍යවතුන් වහන්සේ මේ අතීත කතාව ගෙනහැර දක්වා වදාළා.

"මහණෙනි, ගොඩාක් ඉස්සර කාලෙක බරණැස්පුරේ බ්‍රහ්මදත්ත නමින් රජ්ජුරු කෙනෙක් රාජ්‍ය කළා. ඔය කාලේ මහා බෝධිසත්වයෝ සෛන්ධව අශ්ව කුලේ ඉපදිලා 'වාතග්ගසින්ධව' නමින් රජ්ජුරුවන්ගේ මංගල අශ්වයා වෙලා වාසය කළා.

දවසක් අස්ගොව්වන් මේ අශ්වයාව ගංගා නම් ගඟට ගෙනිහින් නාවද්දී එතැන හිටිය 'කුන්දලී' නමැති කොටළු දෙනක් වාතග්ගසින්ධව අශ්වයා දිහා ඇස් පිය නොහෙලා බලා සිටියා. කොටළු දෙන රාගයෙන් මත් වුනා. ඒ ගැන ම සිත සිතා පිස්සුවෙන් වගේ උන්නා. තණකොළ කෑම අත්හැරියා. වතුර බීම අත්හැරියා. හූල්ලලාම හොඳටම කෙට්ටු වුනා.

මේ කොටළු දෙනට පැටියෙක් හිටියා. ඒ කොටළු පුත්‍රයා ඇවිත් ඇගෙන් කරුණු විමසුවා. "මැණියනි... උඹ තණකොළ කන්නෙත් නෑ. වතුර බොන්නෙත් නෑ. බලාගත් අත බලාගෙන වැටුනු වැටුනු තැන හූල්ල හූල්ල ඉන්නවා. උඹේ අසනීපේ මොකක්ද?"

කොටළු දෙන එක්වරම කාරණාව කීවේ නෑ. පුත්‍රයා නැවත නැවතත් ඇවිටිලි කළාම ඇගේ ආශාව හෙළිදරව් කළා. "ආ... මැණියනි... උඹ ඒ ගැන ඔතරම් හිතන්ට කාරි නෑ. මං ඒ අස්පයාව කොහෝමහරි උඹ ළඟට කැඳවාගෙන එනවා ම යි. උඹ සතුටින් හිටිං" කියලා කොටළුවා අශ්වයා නාවන්ට එන තෙක් මග බලාගෙන හිටියා.

අස්ගොව්වන් වාතග්ගසින්ධව අශ්වයාව නාවන්ට එක්කරගෙන ආවා. කොටළු පුත්‍රයා අශ්වයාට ළං වෙලා කාරණාව පැහැදිලි කළා. "අනේ පියාණනි... මගේ මැණියෝ තමුන්නාන්සේ ගැන පිළිබඳ සිතක් ඇති කරගෙන. ඉතින් ඈ ඒ ගැන ම කල්පනා කරලා දැන් ඈට සාංකාව. අනේ දැන් ඈ නිරාහාරව ඉන්නේ. ඈ මැරිලා යාවි. තමුන්නාන්සේගේ අතේ ඇගේ ජීවිතේ තියෙන්නේ.

අනේ ඇගේ ආශාව ඉෂ්ට කරලා මයෙ මැණියන්ගේ පණකෙන්ද රැකදෙන්ට මයෙ දෙයියෝ."

අශ්වයාට කොටළු දෙන කෙරෙහි මහත් අනුකම්පාවක් හටගත්තා. පැටියා ගැනත් අනුකම්පාවක් හටගත්තා. "පැටියෝ... උඹ නාඬා ඉදිං. මං උඹේ මැණියන්ගේ පණකෙන්ද බේරා දෙන්නං. දැන් අස්ගොව්වෝ මාව නාවලා මට ගංගා තීරේ නිදැල්ලේ හැසිරෙන්ට දෙනවා නොවැ. එතකොට උඹ මැණියන්ව එක්කරගෙන වර."

එතකොට කොටළු පුත්‍රයා මැණියන් ළඟට දුවගෙන ගියා. සතුටින් උඩ පනිමින් සියල්ල පැවසුවා. කොටළු දෙන එක්කරගෙන ඇවිත් ගං ඉවුරේ ඉන්ට කිව්වා. කොටළුවා ගහකට මුවා වුනා. අස්ගොව්වෝ අශ්වයාව නාවලා කොටළු දෙන සිටිය පැත්තට නිදැල්ලේ ටික වෙලාවක් ගතකරන්ට නිදහස් කළා. එතකොට අශ්වයා කොටළු දෙන දැකලා එතැනට ගියා. ගිහින් තමන්ගේ සිරුර සිඹිමින් මෙහෙම සිතුවා. "මං එක්වරම ඉඩදෙන්ට හොඳ නෑ. මං එහෙම එයා ආ ගමන් අවස්ථාව දුන්නොත් මගේ නම්බුවට හරි මදි. මං අකමැතියි වගේ ඉන්ට ඕනෑ. ටිකක් ගණන් උස්සන්ට ඕනෑ" කියලා කොටළු දෙන සෙන්ධව අශ්වයාට යටි හනුවට පයින් පහර දී පලා ගියා. අශ්වයාට දත් මුල බිඳිලා යන තරමට රිදුනා. වාතග්ග සින්ධව අශ්වයාට මහත් ලැජ්ජාවක් හට ගත්තා. "ෂික්... මේකි මාව ලැජ්ජාවට පත්කළා." කියලා එතැනින් පලා ගියා. ඊට පස්සේ කොටළු දෙන එතැන ම වැටී ශෝකයෙන් හූල්ලන්ට පටන් ගත්තා. කොටළු පුත්‍රයා එතැනට ඇවිත් මේ පළමු ගාථාව ඇසුවා.

(1)

මොකක්ද අම්මේ උඹ මේ කරගත්තු විකාරේ
එයා ගැන ම සිතමින් උඹ කෙට්ටු වුනානේ
කන්නෙ නැතිව බොන්නෙ නැතිව සුසුම් හෙලුව නේ
එයා ආපු විට උඹ දැන් පලා ගියා නේ

එතකොට කොටළු දෙන මේ ගාථාවෙන් පිළිතුරු
දුන්නා.

(2)

අනේ පුතේ ගෑණු අපට -
        නම්බුව කියලා දෙයකුත් තියෙනවා
ඒ නිසාම එකපාරට එවැනි දෙයක් -
        කරන්ට බෑ හිතෙනවා
පස්සෙ කැමති වෙන්ට හිතන් -
        කරගත් දේ වැරදුන බව පේනවා
ඒකයි මං පලා ගියේ -
        අනේ මගේ සිත ඒ ගැන තැවෙනවා

මේ කතාව විස්තර කළ භාග්‍යවතුන් වහන්සේ මේ
තුන්වෙනි ගාථාව වදාළා.

(3)

ඉතා උතුම් කුලේ උපන් -
        කෙනෙක් ඇ සොයා ආ විට
එයට කැමති නොවී ඔහුව -
        බැහැරට කර දැමූ කලට
සින්ධව අසු එළවා ගත් -
        කුන්දලී කොටළු දෙන විලසට
බොහෝ කලක් ශෝකයෙන් ම -
        කල් ගෙවන්ට වේ ඇ හට

භාග්‍යවතුන් වහන්සේ මේ ගාථාව වදාරා චතුරාර්ය සත්‍ය ධර්මය දේශනා කොට වදාළා. ඒ දේශනාවේ කෙළවර අර පුරුෂයා සෝවාන් ඵලයට පත් වුනා. "මහණෙනි, එදා කොටළු දෙන වෙලා සිටියේ ඔය ස්ත්‍රිය ම යි. වාතග්ගසින්ධව අශ්වයා වෙලා සිටියේ මම යි" කියා භාග්‍යවතුන් වහන්සේ මේ ජාතකය නිමවා වදාළා.

07. කක්කටක ජාතකය

ඇතුන් මරා කන කකුළුවාගේ කතාව

පින්වතුනේ, පින්වත් දරුවනේ,

මේ සසර ගමන හරීම පුදුම සහගතයි. ගොඩාක් දුක්ඛිතයි. අසරණයි. මනුෂ්‍යයන් තුළ ඇති ගුණධර්මවලිනුයි කිසියම් අස්වැසිල්ලක් ලැබෙන්නේ. මේ එබඳු කතාවක්.

ඒ දිනවල අපගේ භාග්‍යවතුන් වහන්සේ වැඩ වාසය කළේ සැවැත්නුවර ජේතවනයේ. ඔය කාලයේ සැවැත්නුවර එක්තරා පුරුෂයෙක් ඈත පළාතක කෙනෙකුට ණයක් දුන්නා. බිරිඳ ගෙදර තනිකොට යා නොහැකි නිසා බිරිඳත් සමඟ ගමනට පිටත් වුණේ. ගිහින් තමන්ට ලැබිය යුතු ණය මුදල ආපසු ලබා ගත්තා. දෙන්නා ම නැවත සැවැත්නුවර එන්ට පිටත් වුනා. ඒ එන අතරමගදී මේ දෙන්නාව සොරු කණ්ඩායමකට හසු වුනා.

ඒ පුරුෂයාගේ බිරිඳ අතිශයින් ම රූප සම්පන්නයි. සිත්කළුයි. ඇයව දුටු ගමන් සොර නායකයා ඇට වසඟ වුනා. ඇව තමා සතුකරගන්නා අදහසින් ඇගේ ස්වාමිපුරුෂයාව මරන්නට සූදානම් වුනා. නමුත් බිරිඳ ඉතාම සිල්වත් තැනැත්තියක්. ඈ කවරදාකවත් වෙනත් සැමියෙකු ගැන සිහිනෙන්වත් සිතා නෑ. තමන්ගේ දෙවියා හැටියට සැලකුවේ තම සැමියාව යි. බිරිඳට මහ

සොරාගේ අදහස තේරුණා.

එතකොට ඈ මහසොරාගේ පාමුල වැඳ වැටී හඬා වැලපෙමින් යාදිනි යදින්ට පටන් ගත්තා. "අනේ ස්වාමී, මං මගේ ස්වාමියාට මේ පණ කෙන්ද දීලා අහවරයි. මගේ ජීවිතේ වෙන කෙනෙකුට ඉඩක් නෑ. අනේ මාව සහේට ගන්ට හිතාගෙන මගේ රත්තරන් සැමියාව මරන්ට එපා දෙයියෙෝ. මරණවා නම් දෙන්නාව ම මරා දාන්ට... මාව විතරක් පණ පිටින් තියන්ට නම් එපා. මං වසක් විසක් කාලා මැරෙනවා ම යි. බෙල්ලේ වැල දා ගන්නවා ම යි.... අනේ ස්වාමී... කිසි වරදක් නැති මගෙ ස්වාමි දේවතාවා මරන්ට එපා අයියෝ... එහෙම කරන්ට එපා මයෙ අප්පෝ...!"

එතකොට සොර දෙටුවාට ඈ ගැන අනුකම්පා හිතුනා. "හොඳා... එහෙනම් තෝ බේරුනා කියලා හිතපං. හැබැයි තෝ බේරුණේ මේකිගේ අඳෝනාව නිසා බව දැනගං" කියලා දෙන්නාව ම නිදහස් කළා.

ඊට පස්සේ දෙන්නා කරදරයක් නැතිව සැවැත්නුවරට සේන්දු වුනා. ජේතවනයට පිටුපස පාරින් යද්දී ඇවිත් දෙව්රමටත් ගොඩවුනා. "අපි භාග්‍යවතුන් වහන්සේත් වන්දනා කරගෙන යමු" කියලා ගන්ධකුටියට ගිහින් භාග්‍යවතුන් වහන්සේව බැහැදැක වන්දනා කළා. භාග්‍යවතුන් වහන්සේ මෙසේ අසා වදාළා.

"මේ දෙන්නා බොහෝම වෙහෙසට පත්වෙලා වගේ. අතරමගදී මොකවත් කරදරයක් නැතිව ඒගන්ට පුළුවන් වුනා ද?"

"අනේ ස්වාමීනී... අතරමගදී අපි මහා කරදරේක

වැටුනා. හොරු රංචුවකට අහුවුනා නොවැ. මහ හොරදෙටුවා මාව අල්ලාගෙන ගැටගැසුවා. මාව මරන්ට ම යි හැදුවේ. මේ අපේ බිරිඳ හඬා වැලපි වැලපී නොයෙක් කරුණු කීවා. එතකොට ඒකාගේ හිත උණුවෙන්ට ඇති. මාව නිදහස් කළා. මෙයා නිසා තමයි භාග්‍යවතුන් වහන්ස, මගේ ජීවිතේ නූලෙන් බේරුනේ!"

"උපාසක, මේ උපාසිකාව මේ ආත්මයේ ඔබේ ජීවිතය පමණක් බේරුවා නොවේ. මැ පෙර ආත්මෙකත් නුවණැතියන්ගේ ජීවිතයත් බේරා තියෙනවා..."

"අනේ ස්වාමීනී, මේ අපේ බිරිඳ පෙර ආත්මයේ මේ විදිහට ජීවිතය බේරුවේ කොහොමද කියා වදාරණ සේක්වා."

එතකොට භාග්‍යවතුන් වහන්සේ මේ අතීත කතාව ගෙනහැර දක්වා වදාළා.

"ගොඩාක් ඉස්සර කාලෙක බරණැස්පුරේ බ්‍රහ්මදත්ත නමින් රජ්ජුරු කෙනෙක් රාජ්‍ය කළා. ඔය කාලේ හිමාල වනයේ මහා ජලාශයක් තිබුනා. ඒ මහා ජලාශයේ රන්වන් පාට මහා විශාල කකුළුවෙක් හිටියා. ඒ නිසා ම ඒ ජලාශයට 'මහකකුළුවාගේ විල' යන නම වැටුනා. ඒ කකුළුවා ගොයම් මඩින කමතක් තරමේ මහා විශාල එකෙක්. උගේ අඬුවලින් ඇත්තුන්වත් විලට ඇදගෙන ගිහින් මරාගෙන කනවා. ඒ නිසා හිමාලයේ ඉන්න ඇත්තු ඒ විලට බැහැලා ගොදුරු ගිලින්ට භය වුනා.

ඔය කාලේ මහා බෝධිසත්වයෝ ඒ මහකකුළු විල අසබඩ වාසය කරන ඇත් රැලේ මහ ඇතාට දාව

කණේරුකා කියන ඇතින්නිගේ කුසේ පිළිසිඳ ගත්තා. එතකොට ඈ තමන්ගේ දරු ගැබ රකින්ට ඕනෑ නිසා කඳු පැත්තට ගියා. දරු ගැබ ආරක්ෂා කරගෙන ඉඳලා ඇත් පැටවෙක් වැදුවා. මේ ඇත් පැටියා ක්‍රමයෙන් උසමහත්ව හැදී වැඩී මහා සිරුරක් ඇති වුනා. ඉතාම ලස්සන, මහා ශක්තිමත් වුනා. අඳුන් පර්වතයක් වගේ වුනා.

බෝසත් ඇතාත් තමන්ට සහේට ඇතින්නියක් ගත්තා. දවසක් මේ ඇතා තමන්ගේ ඇතින්නියත් මව් ඇතින්නියත් එක්ක මහකකුළු විලට ගොහින් කකුලුවාව අල්ලාගන්ට කතාවුනා. ඊට පස්සේ තුන්දෙනා ම මහ ඇත් රැලට එකතු වෙලා බෝධිසත්ව ඇතා පියා ළඟට ගිහින් මෙහෙම කිව්වා. "පියාණනි, අපේ ඇත්තුන්ට මේ විලේ ඉන්න කකුළුවාගෙන් හරි කරදරයි. මං ගිහින් මේකේ දෙකෙන් එකක් කරන්ට ඕනෑ."

"එපා පුත්‍රය... එපා! අපේ රැහේ කාටවත් ඔය කකුළු රාජයා එක්ක හැප්පෙන්ට පුළුවන් වුනේ නෑ. උඹ විතරක් කොහොමද ඒක කරන්නේ? ඔය අදහස අත්හැරපං."

නමුත් ඇතා නැවත නැවතත් පියාට ඇවිටිලි කරන්ට පටන්ගත්තා. "හනේ මන්දා... මං කියන දෙයක් උඹ අහන්නේ ම නෑ. එහෙනම් උඹ ම ඒ ගැන බලාගනිං" කියලා මහ ඇතා පිළිතුරු දුන්නා.

එතකොට මේ යොවුන් ඇතා මහකකුළු විල අසබඩ වනාන්තරේ ඉන්නා සියලු ඇතුන්ව රැස්කෙරෙව්වා. ඒ හැමෝමත් එක්ක විල අසලට ගියා. "ඔය කකුළු රාජයා අපේ ඇත්තුන්ව අල්ලාගන්නේ විලට බසිද්දී ද, නැත්තම් විලෙන් ගොඩට එද්දී ද?"

"බහින්ට නම් කරදරයක් නෑ. හැබැයි ගොඩට එද්දී තමයි අල්ලාගන්නේ "

"එහෙනම් ඔයාලා හැමෝම විලට බහින්ට. හොඳින් ගොදුරු ගිලින්ට. හැමෝම විලෙන් ගොඩ වුනාට පස්සේ අන්තිමට මං ගොඩට එන්නම්."

එතකොට ඇත්තු විලට බැස්සා. හොඳට නෙළුම් අල ආදිය කෑවා. පෝලිමට ගොඩට එන්ට පටන් ගත්තා. බෝධිසත්වයෝ අන්තිමට ගොඩ වෙන්ට සූදානම් වෙද්දී කම්මල්කාරයෙක් මහා යකඩ අඬුවකින් යකඩ බම්බුවක් තදින් අල්ලනවා වගේ කකුළුවා ඇවිත් අඬුවෙන් ඇතාගේ පාදයන් කිටි කිටියේ අල්ලාගත්තා. ඇතින්නට තේරුනා ඇතා කකුළුවාට අහුවුනා කියලා. ඇතින්නත් ඇතා ළඟට වෙලා වෙන් නොවී සිටියා. බෝධිසත්වයෝ පා ගොඩට අදිද්දී කකුළුවා අත්හැරියේ නෑ. කකුළුවා ටිකෙන් ටික බෝධිසත්වයන්ව තමන්ගේ පැත්තට අදින්ට පටන් ගත්තා. මරණභයින් තැතිගත් ඇතා මහා හඬින් කෑගැසුවා. එතකොට මරණ භයට පත් අනිත් සියලුම ඇත්තු හොඬවැල් ඔසොවාගෙන කුංචනාද දීගෙන බෙටි හලාගෙන හිස හැරුන අතේ පලා ගියා. හිතට භයිය අරගෙන ඇතින්නටත් ඉන්න බැරිව ගියා. ඇතින්නත් පලායන්ට සූදානම් වුනා. එතකොට බෝධිසත්වයෝ ඇතින්නට මේ ගාථාව පැවසුවා.

(1)

බිහිසුණු ලෙස පිටට නෙරූ ඇස් ඇති මේ සතා
රන්පැහැ ගත් සිරුරක් ඇති මහා කකුළු රජා
සිරුරේ ලොම් නැති ඇටයෙන් කළ සම ඇති සතා
තද කොට උගෙ අඬුවෙන් ගත්තා මාගේ දෙපා

කෑගැසුවේ මා හයියෙන් වේදනාව නිසා
ඇයි ද ඔයා පැන යන්නේ අදරැති මා දමා

එතකොට ඇතින්න ආයෙමත් ඇතා ළඟට ආවා. ඇතාව අස්වසමින් මේ ගාථාව කිව්වා.

(2)

අඳුන් කුලක් වැනි සිරුරැති මා අදරැති හිමියනේ
අත්නොහරිමි මම කිසිදා සිටිනෙමි ඔබ රකිමිනේ
පීරා බැලුවත් මාහට මහ පොළොවේ සිව් කොනේ
ඔබ වැනි වෙන ප්‍රිය කිසිවෙක් මා හට නැත හිමියනේ

අනේ හිමියනි, හය වෙන්ට කාරි නෑ. මං ඔයාව අත්හැර යන්නේ නෑ. මං කෝකටත් මේ කකුළුවාට කියන්නම්. කියලා ඔයාව නිදහස් කරවා ගන්නම්" කියා කකුළුවාට මේ විදිහට ආයාචනා කරමින් මේ ගාථාව කිව්වා.

(3)

මහ සයුරේ ගංගාවේ නර්මදා නදී ජලයේ
සිටිති කකුළුවෝ පිරිලා ඕනෑතරමට සරියේ
හැමගේ හැඩ රුව අතරේ ඔබ ම යි ඉහළින් සිටියේ
අනේ මගේ සැමියා මට දෙනු මැන උහුලනු බැරියේ

ඇතින්නිගේ මේ කතාව කකුළුවා අසාගෙන සිටියා. කකුළුවාගේ හිතට මහා මොකදෝ වුනා. එතකොට කකුළුවා ඇතාගේ පා දැඩි කොට අල්ලාගෙන සිටි අඬු නිකමට වගේ ලිහිල් කළා. එතකොට ම බෝසත් ඇතා කකුල ඔසවා කකුළුවාගේ පිට මත තබා වේගයෙන් තද කළා. සැණෙකින් පිටිකට්ට බිඳිලා ගියා. සතුටට පත් ඇතා ප්‍රීති හඬ නංවමින් කුංචනාද කළා. සියලු ඇත්තු ළඟට දුවගෙන ආවා. කකුළුවාව ගොඩට ඇදලා ගත්තා.

ඇට කුඩුවෙනකල් පාවලින් තැලුවා. උගේ මහා අඬු දෙක සරීරයෙන් වෙන් වෙලා ගියා. ඒ මහ කකුළු විල ගංගා නදියත් එක්ක සම්බන්ධ වෙලා තියෙන්නේ. වැස්ස කාලෙට ගඟ උතුරද්දී ඒ ගංදියෙන් විල පිරෙනවා. ගඟේ වතුර අඩු වෙද්දී විල් දිය ගඟට ගලනවා. ඇත්තු අර කකුළු අඬු දෙක ඇදගෙන ගිහින් ගඟට දැම්මා. එයින් එකක් මුහුදට ගසාගෙන ගියා. අනික ගංගා නදියේ ජල ක්‍රීඩා කරමින් සිටි දසබෑරජවරුන්ට හම්බ වුනා. ඒකෙන් 'ආණක' නමැති මෘදංග බෙරයක් කෙරෙව්වා. මුහුදට ගසාගෙනගිය කකුළු අඬුව අසුරයෝ ගත්තා. ඔවුන් එයින් 'ආළම්බර' කියන බෙරය කෙරෙව්වා.

පස්සෙ කාලෙක දෙවියන් හා අසුරයන් අතර වූ යුද්ධයේදී සක් දෙවිඳු අසුරයන්ව පරාජය කළා. එතකොට අසුරයෝ අළම්බර බෙරය දාලා දිව්වා. සක්දෙවිඳු ඒ බෙරය තමන්ගේ ප්‍රයෝජනයට තියාගත්තා. ඒ නිසයි අහස ගුගුරද්දී ආළම්බර මේඝය වගේ කියලා කියන්නේ.

භාග්‍යවතුන් වහන්සේ මෙය වදාරා චතුරාර්ය සත්‍ය ධර්ම දේශනාව වදාළා. ඒ දේශනාවේ කෙළවර ඒ ස්වාමි, භාර්යා දෙදෙනා ම සෝවාන් ඵලයට පත් වුනා. "එදා බෝසත් ඇතා බේරාගත් ඇතින්න වෙලා සිටියේ මේ උපාසිකාව. කකුළුවා පැරදවූ ඇතා වෙලා සිටියේ මම යි" කියා භාග්‍යවතුන් වහන්සේ මේ ජාතකය නිමවා වදාළා.

08. ආරාමදූසක ජාතකය

උයනේ වගාව අවුල් කළ වඳුරන්ගේ කතාව

පින්වතුනේ, පින්වත් දරුවනේ,

අපි පුරුදු විය යුත්තේ හැකිතාක් හොඳ දේට යි. යහපත් දේ පුරුදු වූ විට ඒක සසරට පිහිටනවා. හැබැයි අපි අයහපත්, විකාර, මෝඩ දේ පුරුදු කළොත් ඒකත් සසරේ අප සමඟ එනවා. ඒ ගැන දැනගන්ට මේ කතාව හරි අගෙයි.

ඒ දිනවල අපගේ භාග්‍යවතුන් වහන්සේ දක්ඛිණගිරි ජනපදයේ චාරිකාවේ වැඩම කරලා සිටියේ. එතකොට ඒ ප්‍රදේශයේ වාසය කළ එක්තරා උපාසකයෙක් භාග්‍යවතුන් වහන්සේ ප්‍රමුඛ භික්ෂූන් වහන්සේලා තමන්ගේ උයනට වඩමවා කැඳ කැවිලි ආදියෙන් හීල දානය පිළිගැන්නුවා. "ස්වාමීනී, අපගේ ආර්යයන් වහන්සේලා උයනේ ඇවිද බලන්ට සතුටු නම් මේ අපගේ උයන්පල්ලා සමඟ වඩින්ට" කියලා උයන්පල්ලාට පැවරුවා. "ඒ වගේම මිත්‍රයා අපගේ ආර්යයන් වහන්සේලා කැමැති පලතුරුත් කඩලා පිළිගන්වන්ට" කියා පැවසුවා.

එතකොට භික්ෂූන් වහන්සේලා පොළොවේ කුඩා වලවල් ඇති ගස් කොළන් නැති තැනක් දැක්කා. "පින්වත, අතන මොකද ගස් කොළන් නැතිව සිදුරු

සිදුරු තියෙන්නේ?"

"ස්වාමීනී, මෙහි හිටිය උයන්පල්ලෙකුගේ එක් පුත්‍රයෙක් අලුත සිටවාපු පැලවලට වතුර දාන්ට භාර අරගෙන තියෙනවා. එදා ඒ කොලුවා පැලවලට මුල හොඳට තෙමෙනකල් වතුර දාන්ට ඕනෑ කියලා පැල ගලවා බල බලා ඒ ඒ පැලවලට වතුර දාලා. ඒකයි ඔය සිදුරු හැදිලා තියෙන්නේ."

මේ කතාව ඇසූ භික්ෂූන් වහන්සේලා භාග්‍යවතුන් වහන්සේට එය සැලකළා. භාග්‍යවතුන් වහන්සේ මෙසේ වදාළා. "මහණෙනි, ඒ දරුවා පැල උදුර උදුර වතුර දැම්මේ මේ ආත්මේ විතරක් නොවේ. මීට කලින් ආත්මෙකත් ඔය වැඩේ ම කරලා උයන අවුල් කලා" කියා අතීත කතාව ගෙනහැර දක්වා වදාළා.

"මහණෙනි, ගොඩාක් ඉස්සර කාලෙක බරණැස්පුරේ විශ්වසේන කියා රජ කෙනෙක් රාජ්‍ය කළා. දවසක් ඒ නගරයේ නැකැත් උත්සවයක් පැවැත්වුනා. උත්සවයට වේලාව දැනුම් දුන් විට රජ්ජුරුවන්ගේ උයන්පල්ලා ඒ උයනේ ඉන්න වඳුරු පිරිස ඇමතුවා.

"අනේ වඳුරනේ, මේ උයන උඹලාට ගොඩාක් උදව් වෙනවානේ. මං සත් දවසකට නැකැත් උත්සවයට පිටතට යනවා. අලුත සිටවපු පැලවලට වතුර දාලා සාත්තු කරන්ට හොඳේ" කිව්වා.

එතකොට වඳුරොත් "හරි හරි... ඒවා අපි වෙලාවට කරන්නම්" කියලා පිළිතුරු දුන්නා. එතකොට ඔහු වඳුරන්ට සම්වලින් කළ වතුර මළු දීලා ගියා.

වඳුරොත් මලුවලට පුරවාපු වතුර අරගෙන

පැලවලට දාන්ට පටන්ගත්තා. එතකොට එතැන සිටිය වඳුරු නායකයා කෑ ගසා මෙහෙම කිව්වා. "හා... හා! පරෙස්සමෙන්. වතුර නිකරුනේ නාස්ති කරන්ට එපා. ජලය කියන්නේ හැම කාලෙම රැකගතයුතු දුර්ලභ දෙයක්. ඒ නිසා හිටවලා තියෙන පැල ගලවලා බලන්ට ඕනෑ. මුල් දිගට තියේ නම් වැඩිපුර වතුර දමන්ට ඕනෑ. මුල් කොටට තියේ නම් ටිකක් වතුර දැම්මාම ඇති." වඳුරනුත් "හොඳා" කියලා ඒ විදිහට කළා. එක වඳුරෙක් පැල උදුරාගෙන උදුරාගෙන යනවා. තව වඳුරෙක් වතුර දදා සිටවාගෙන සිටවාගෙන යනවා.

ඒ කාලේ බෝධිසත්වයෝ බරණැස එක්තරා කුලපුත්‍රයෙක් වෙලා ඉපිද සිටියේ. ඔහු කිසියම් කරුණකට උයනට ගියා. වඳුරන් කරන වැඩේ දැකලා "ඇයි වඳුරනේ, ඔයාලා මෙහෙම කරන්නේ? කව්ද ඔයාලට මෙහෙම කරන්ට කීවෙ?"

"ආං අර ඉන්නේ අපේ ලොක්කා. එයැයි තමා අපට මේ විදිහට කරන්ට කීවේ" කියලා වඳුරෝ පිළිතුරු දුන්නා. එතකොට බෝධිසත්වයෝ මහ වඳුරා අමතා මෙහෙම කිව්වා.

"ඕ... හෝ... ඔහේගේ නුවණ නම් මොනවගේ දෙයක් උරුම කර දේවි ද?" කියා මේ ගාථාව පැවසුවා.

(1)

හපොයි යමෙක් මේ ජාතියෙ
- නායකයෙක් වී සිටියොත්
තම පිරිස ද රැස්කොට ඔහු
- මෙලෙසින් අවවාද කළොත්
ඔහුගෙ මෝඩ නුවණට හැම

- දෙනා ම ගරු සරු කෙරුවොත්
ඔවුන්ට යන කල දසාව
- ගැන කියන්ට නොමැත දෙයක්

එය ඇසූ වඳුරන් සතුටට පත් වුනේ නෑ. වඳුරොත් මේ පිළිතුරු ගාථාව පැවසුවා.

(2)

අනේ බමුණ ඔබ කිසිවක්
- නොදැනයි නින්දා කරන්නෙ
ගසේ මුලක් නොදැන එයට
- කොහොමෙයි අපි පැන් දමන්නෙ
ඒ ගැන දැනගන්ට යි අපි
- මේ පැල උදුරා බලන්නෙ
නායකයා දුන් ඔවදන්
- හරිය කියාලයි හිතෙන්නෙ

එතකොට බෝධිසත්වයෝ මේ ගාථාවෙන් වඳුරන්ට පිළිතුරු දුන්නා.

(3)

වඳුරනි මේ කරුණෙදි මං
- නින්දා නොකරමි ඔබහට
උයනෙ ඉන්න වඳුරන් ගැන
- තරහ සිතක් නැත මා හට
ගැරහුම මෙහි පැමිණෙන්නේ
- විශ්වසේන රජුගෙ නමට
උයනේ ගස් වැල් රකින්ට
- ඔබ වැනි අය හට දුන්නට

මෙහෙම කියලා බෝධිසත්වයෝ පිටත්ව ගියා.

මහණෙනි, එදා වඳුරු පිරිසේ නායකයා ව සිටියේ මෙදා උයනේ පැල උදුරා වතුර දැමූ තරුණයා යි. පණ්ඩිත පුරුෂයා වෙලා සිටියේ මම යි" කියා භාග්‍යවතුන් වහන්සේ මේ ජාතකය නිමවා වදාළා.

09. සුජාතා ජාතකය

සුජාතා සිටුදියණියගේ කතාව

පින්වතුනේ, පින්වත් දරුවනේ,

ජාතක කතා පුරා ම බොහෝ විට පැතිර පවතින්නේ සංසාරගත පුරුදු සම්බන්ධ සිදුවීම්. නොයෙක් ආකාර සසර පුරුදුවලට ගැට ගැසීගිය චරිතවලින් යුක්තවයි අපි ඉපදෙමින් මැරෙමින් යන්නේ. මෙයත් එබඳු කතාවක්.

ඒ දිනවල අපගේ භාග්‍යවතුන් වහන්සේ වැඩ සිටියේ සැවැත්නුවර ජේතවනයේ. දවසක් අපගේ භාග්‍යවතුන් වහන්සේ භික්ෂු සංඝයා පිරිවරාගෙන අනේපිඬු සිටුතුමාගේ නිවසට දානයට වැඩම කළා. මහසිටුතුමා ඉතාමත් ශ්‍රද්ධාවෙන් දන්පැන් පිළිගැන්නුවා. දානයෙන් පසු භාග්‍යවතුන් වහන්සේ ධර්මදේශනා කරන අවස්ථාවේ නිවස පිටුපසින් සේවකයින්ට මහා ශබ්දයකින් බැණවදින හඬක් ඇහුනා. භාග්‍යවතුන් වහන්සේ දහම් දෙසීම නවතා මෙසේ අසා වදාළා. "මහ උපාසක, මොකක්ද ඒ මහා කෝලාහලය?"

"අනේ ස්වාමීනී, විශාඛා මහෝපාසිකාවගේ බාල නැගණිය, ධනංජය සිටුතුමාගේ දියණිය සුජාතා නොවැ අපේ පුත්‍රයාට කැන්දාගෙන ආවේ. ඈ හරීම උඩඟුයි ස්වාමීනී. අධික මාන්නයෙන් යුක්තයි. ක්‍රෝධ බදිනවා.

හරිම සැඩ පරුෂයි. මේ මාමා ය, මේ නැන්දාය කියා කිසි වගක් නැ. ගෙදර සිටින හැමෝට ම ත් සුළු දේටත් ගහනවා, බණිනවා. ඇට දානය දීගන්ට, සීලයක් ආරක්ෂා කරන්ට, කිසිම ඕනෑකමක් නෑ. තෙරුවන් ගැන කිසි පැහැදීමක් නෑ. මේ ගෙදර හැමදාම රණ්ඩු, රණ්ඩු. අපිත් ඉතින් හරි අපහසුවෙන් තමයි ඉවසාගෙන ඉන්නේ."

"එහෙනම්, ගෘහපතිය ඇට එන්ට කියන්ට" කියා භාග්‍යවතුන් වහන්සේ වදාළා. එතකොට සුජාතා සිටු කුමරිය භාග්‍යවතුන් වහන්සේ වෙත ඇවිත් වන්දනා කොට එකත්පස්ව වාඩිවුනා.

"සුජාතා... මේ ලෝකයේ පුරුෂයෙකුට සත්වැදෑරුම් භාර්යාවන්ගෙන් එක් අයෙක් ලැබෙනවා. ඇලා අතර සුජාතා කව්ද? කොයි භාර්යාවට ද අයත් වෙන්නේ?"

"අනේ ස්වාමීනී, මං ඒ සත්වැදෑරුම් භාර්යාවන් ගැන දන්නේ නෑ. අනේ මට ඒ ගැන විස්තර වශයෙන් කියා දෙනු මැනව."

"හොඳයි සුජාතා. එහෙනම් ඔන්න හොඳට අහගන්ට ඕනෑ" කියා භාග්‍යවතුන් වහන්සේ මේ ගාථාවන් වදාළා.

(1)

ක්‍රෝධ බඳින සිත් ඇත්තී, අනුකම්පාවක් නැත්තී
වෙන පිරිමින් ගැන සිතමින්, සැමියා ඉක්මවා යන්නී
සැමියා උපයන දේ ගැන කිසි පිරිමැස්මක් නැත්තී
හැමතිස්සෙ ම රණ්ඩුවට ම පැටලීගෙන එන්නී
පුරුෂයෙකුට ලැබුනෝතින් මේ ගති ඇති බිරියක්
ඇට කියන්නේ වධක භාරියාව කියලයි

(2)

බොහෝ වෙහෙස ගෙන සැමියා ධනය රැස් කරයි නිවසේ
බොරු මායම් පාමින් ඈ පැහැර ගනියි එය රහසේ
කොපමණ දේ ගෙන දුන්නත් සෑහීමක් නොමැත ඈට
පුරුෂයෙකුට ලැබුනෝතින් මේ ගති ඇති බිරියක්
ඈට කියන්නේ චෝර භාරියාව කියලයි

(3)

ගෙදර දොරේ කිසිම වැඩක් ඈ කිසිවිට නොකරන්නී
අලසව සිට ඇති පදමට කන්ට බොන්ට ඈ දන්නී
යටතට ගෙන සිය සැමියා ගෙයි වැඩපළ කරගන්නී
දාසයෙකුට සලකන සේ සැමියාහට සලකන්නී
පුරුෂයෙකුට ලැබුනෝතින් මේ ගති ඇති බිරියක්
ඈට කියන්නේ ස්වාමි භාරියාව කියලයි

(4)

කරුණාවෙන් තෙමුණු ළයින් හැමවිට පසුවන්නී
මවක් පුතෙකු රකින සෙයින් සැමියා සුරකින්නී
සැමියා උපයන ධනයත් පිරිමසින්ට දන්නී
පුරුෂයෙකුට ලැබුනෝතින් මේ ගති ඇති බිරියක්
ඈට කියන්නේ මාතෘ භාරියාව කියලයි

(5)

සෝයුරෙකුට බැඳී සිටින නැගණිය සිරි ගන්නී
හැම විටදී ම සිය සැමියට ගරුසරු දක්වන්නී
ලැජ්ජා ඇති සිතින් යුතුව සැමියට සලකන්නී
පුරුෂයෙකුට ලැබුනෝතින් මේ ගති ඇති බිරියක්
ඈට කියන්නේ සෝයුරි භාරියාව කියලයි

(6)

තම සැමියා දකින විටදී සතුටින් ඉපිලෙන්නී

යෙහෙළියකට සිය මිතුරා මුණ ගැසුනා වැන්නේ
පතිවත ගරු කරමින් ඈ සිල් ගුණ සුරකින්නී
තම පවුලේ වැදගත්කම ගැන ද ඈ සිතන්නී
පුරුෂයෙකුට ලැබුනෝතින් මේ ගති ඇති බිරියක්
ඈට කියන්නේ මිතුරි භාරියාව කියලයි

(7)

සැමියා කෝපයෙන් ඈට බැන්නත් ගැහුවත් කිසිවිට
දුෂ්ට නැති සිතින් සැමියගෙ නැපුරුකම් ද ඉවසන්නී
කෝප නොවන්නී සැමියට අවනතව සිටින්නී
පුරුෂයෙකුට ලැබුනෝතින් මේ ගති ඇති බිරියක්
ඈට කියන්නේ දාසි භාරියාව කියලයි

මෙසේ වදාළ අපගේ භාග්‍යවතුන් වහන්සේ මෙසේ වදාළා. "සුජාතා, මේ කිව්වේ ලෝකයේ ඉන්න භාර්යාවන් සත්දෙනා ගැනයි. මෙයින් සිය සැමියාට වධකියක් වැනි බිරිඳත්, සිය සැමියාට හෙරක් වැනි බිරිඳත්, සිය සැමියාට අධිපතිනියක් වැනි බිරිඳත් යන මේ තුන්දෙනා මරණින් මතු නිරයේ උපදිනවා. ඒ වගේ ම සිය සැමියා කෙරෙහි මව් කෙනෙක් සේ ඉන්නා බිරිඳත්, සෝයුරියක් වගේ ඉන්නා බිරිඳත්, මිතුරියක් වගේ ඉන්නා බිරිඳත්, දාසියක් වගේ ඉන්නා බිරිඳත් මරණින් මතු නිම්මාණරතී දෙව්ලොව උපදිනවා" කියා වදාරා විස්තර කරද්දී සුජාතා සිටු කුමරිය සෝවාන් ඵලයට පත් වුනා. ඊට පස්සේ භාග්‍යවතුන් වහන්සේ සුජාතා ඇමතුවා.

"සුජාතා... ඔය කියාපු බිරින්දෑවරුන් සත්දෙනාගෙන් කවර බිරියක් වන්ට ද කැමති?"

"අනේ ස්වාමීනී, මං මෝඩකමින් සේරම වැරදි කළේ. මං නිවැරදි වුනා ස්වාමීනී. මේ මොහොතේ පටන්

මං දාසී බිරියක් වෙනවා ස්වාමීනී. නොදැන වූ වරදට මට සමාවන සේක්වා" කියා ඈ භාග්‍යවතුන් වහන්සේ වන්දනා කොට සමාව ගත්තා.

එදා දම්සභා මණ්ඩපයේ රැස්වූ භික්ෂූන් වහන්සේලා මේ ගැන කතා කරමින් සිටියා. "හරී අසිරිමත් දෙයක් ඇවැත්නි අද වුණේ. අපගේ භාග්‍යවතුන් වහන්සේගේ ශාස්තෘත්වය පුදුම සහගතයි. සුජාතා ගෘහ ලේලිය එක අවවාදයෙන් දමනය වුනා නොවැ. ඈ සෝවාන් ඵලයටත් පත් වුනා. හප්පේ.... හරිම අසිරිමත් නොවැ."

ඒ අවස්ථාවේ භාග්‍යවතුන් වහන්සේ එතැනට වැඩම කොට වදාළා. භික්ෂූන් වහන්සේලා තමන් කතාකරමින් සිටි කරුණ භාග්‍යවතුන් වහන්සේට සැලකොට සිටියා. භාග්‍යවතුන් වහන්සේ මෙසේ වදාළා.

"මහණෙනි, මං සුජාතාව එක ම අවවාදයෙන් දමනය කළේ මේ ආත්මයේ විතරක් නොවේ. කලින් ආත්මෙකත් ඔය විදිහට ම දමනය කළා." කියා මේ අතීත කතාව ගෙන හැර දක්වා වදාළා.

"මහණෙනි, ගොඩාක් ඉස්සර කාලෙක බරණැස්පුරේ බ්‍රහ්මදත්ත නමින් රජ්ජුරු කෙනෙක් රාජ්‍ය කළා. ඔය කාලේ මහා බෝධිසත්වයෝ ඒ රජ්ජුරුවන්ගේ අගමෙහෙසියගේ කුසෙහි පිළිසිඳ ගත්තා. බරණැස් රජතුමාගේ අභාවයෙන් පස්සේ බෝසත් කුමාරයා රජ වුනා. බෝසත් රජතුමාගේ මව් බිසොව ක්‍රෝධ බඳින සිතින් යුක්තයි. නපුරුයි. සැඩපරුෂයි. අනුන්ට හරියට දොස් කියනවා. බණිනවා.

පුත්‍ර රජ්ජුරුවෝ සිය මෑණියන්ව මේ දුර්වලතාවයෙන් බේරාගන්ට සුදුසු අවස්ථාවක් බලමින්

සිටියා. දවසක් රජ්ජුරුවෝ සිය මැණියන් සමඟ උයන්සිරි නරඹන්ට ගියා. ඒ යන අතරමග කිරල කුරුල්ලෙක් මහා මූසල හඬින් කෑගසන්ට පටන් ගත්තා. එතකොට රජ පිරිස "හාපෝ... මේ කුරුල්ලාගේ හඬේ ඇති සැඩ පරුෂ බව! නොදකින් විතරක්!" කියලා කන් වසා ගත්තා.

උයනට ගියාට පස්සේ මැණියන් සමඟ උයන්සිරි නරඹමින් ඉන්නා විට මල් පිපී ගිය සල්රුක් අතු අතර සැඟවී සිටි කොවුලෙක් මධුර හඬින් කොවුල් නද පැතිරෙව්වා. එතකොට මහජනයා සතුටින් නෙත් විදහාගෙන "ෂා... හරිම මිහිරියි නොවැ. කොයිතරම් අසා සිටියත් මදි!" කියමින් ගෙල ඔසොව ඔසොවා කුරුල්ලා සිටි දෙස බලන්ට පටන් ගත්තා.

එතකොට රජ්ජුරුවෝ මැණියන්ට මෙහෙම කිව්වා. "දැක්කාද මැණියනි වෙනස! ඕං... බලන්ට! කිරලා කෑගසද්දී 'හාපෝ... මේ සතා කෑගහන හැටි' කියා කන් වසා ගත්තා. බලන්ට මැණියනි, සැඩ පරුෂ වචන කියන්නේ ලෝකේ කව්රුවත් අහන්ට ආසා දේ නොවේ" කියා මේ ගාථාවන් පැවසුවා.

(1)

බලන්ට මැණියනි
- කිරල කුරුල්ල රුක් මල් පැහැයෙන්
- හරිම ලස්සනයි
කොතරම් ලස්සන තිබුනත්
- කිරලා දෙස බලන්නටත්
- ලොව හැමෝම අකමැතියි
නපුරු හඬින් නාද කරන
- නිසා ම මේ කිරලා ගැන

- තියෙන්නේ ම පිළිකුලයි

එලොව මෙලොව කව්රුත් ලොව

- නපුරු වචන කියන අයට අකැමතියි

(2)

කොවුලා හරි කලුපාටයි

- ඇඟ පුරා ම පුල්ලි වැටී

- පෙනුමක් ඇත්තේ ම නෑ

ඒ උනාට මිහිරි හඬින්

- නාද කරන විට උෟ දෙස

- නොබලා නම් ඉන්නෙ නෑ

හැම දෙනා ම කොවුලාගේ

- විරූපි බව කොහොම වුනත්

- ගණනකට ගන්නෙ නෑ

මිහිරි නාද නිසා උෟට

- ආදරයක් මිස තරහක් එන්නෙ නෑ

(3)

එනිසා මැණියෙනි යමෙක්

- නුවණින් යුතු මිහිරි වදන

- නිති පවසන විට

ආඩම්බරයක් නොමැතිව

- පමණට ඇති කතාබහින්

- කල් ගෙවනා විට

ඔහුගෙ කතාබහ නිසා

- දහමත් මතුවී සතුටක්

- ලැබෙනව සතහට

ලොවට ම සෙත සැලසෙනවා

- මිහිරි වචන අපි පවසන විට

බෝධිසත්වයෝ මේ අයුරින් යහපත් වචනයේ ඇති අනුසස් ගැනත්, නපුරු අයහපත් වචනයේ ඇති දුර්විපාකත් සිය මෑණියන්ට පහදා දුන්නා. බරණැස් රාජ මාතාව ඒ එක අවවාදයෙන් ම නිවැරදි වුනා. ආයෙ නැවත නපුරු වචන නොකියන්ට වගබලාගත්තා.

මහණෙනි, එදා බරණැස් රාජ මාතාව වෙලා සිය පුත්‍රයාගේ එක ම අවවාදයෙන් සංවර වුනේ මේ සුජාතා. අවවාද කළ පුත්‍ර රජ්ජුරුවෝ වෙලා සිටියේ මම යි” කියා භාග්‍යවතුන් වහන්සේ මේ ජාතකය නිමවා වදාළා.

10. උලූක ජාතකය

කපුටන්ගේ බකමූණන්ගේ වෛරය ගැන කතාව

පින්වතුනේ, පින්වත් දරුවනේ,

සත්ව ලෝකයේත් යම් යම් සතුන් අතර නොයෙක් වෛර ක්‍රෝධ ගති පිහිටා ඇති බව පේනවා. එහෙම වෙලා තියෙන්නේ ඔවුන්ගේ සත්ව ජීවිතයේ කිසියම් සිද්ධියක් මුල් කරගෙනයි. එතකොට ඒ ඒ සතුන්ගේ ආත්ම ලබන අය ඒ සත්වයන්ගේ අනුගත පුරුදුවලට යොමු වෙලා යනවා. මෙය එබඳු කතාවක්.

ඒ දිනවල අපගේ භාග්‍යවතුන් වහන්සේ වැඩ වාසය කළේ සැවැත්නුවර ජේතවනයේ.

ඒ කාලයේ මෙවැනි දෙයක් සත්තු අතර පැහැදිලිව දකින්ට තිබුනා. කපුටෝ දවල් කාලයේ බකමූණෙක් දැක්ක විට හඹාගෙන ගොහින් මැරෙනකල් ම කොටනවා. ඊට පස්සේ උඟුව කා දමනවා. බකමූණොත් එහෙමයි. හිරු අවරට ගිය වේලේ පටන් යම් යම් තැනක කපුටෝ නිදියනවා ද ඒ ඒ තැනට ගිහින් කපුටන්ගේ බෙල්ල කඩා ජීවිතක්ෂයට පත් කරනවා.

ජේතවනයේ කෙළවර එක් කුටි ප්‍රදේශයක ඇති ගසක සැහෙන කපුටු පිරිසක් වාසය කළා. දිනපතා උදේට

අමදින්න සූදානම්ව බැලූවිට නැළි හැටක ප්‍රමාණයට බෙල්ල වෙන ම වෙන්වී මැරුණ කපුටො රාශියක් දකින්ට ලැබුනා. කපුටු හිස වෙන ම වැටී තිබුනා.

දම්සභා මණ්ඩපයට රැස්වූ භික්ෂූන් වහන්සේලා මේ ගැන කතා කරන්ට පටන් ගත්තා. "ඇවැත්නි, හරි පුදුම වැඩක් නොවැ. භික්ෂූන් වහන්සේලා වසන අසවල් කුටි පෙදෙසේ දවසක් ගානේ සැහෙන්ට කපුටු ඔළු එකතු කරලා වීසි කරන්ට වෙලා තියෙනවා" කියලා. ඒ අවස්ථාවේ අපගේ භාග්‍යවතුන් වහන්සේ එතැනට වැඩම කොට වදාළා. භික්ෂූන් වහන්සේලා තමන් කතා කරමින් සිටි කරුණ භාග්‍යවතුන් වහන්සේට සැළ කළා. "ස්වාමීනී, භාග්‍යවතුන් වහන්ස, මේ කපුටන්ගේත් බකමූණන්ගේත් වෛරය කවරදාක හටගත් දෙයක් ද?"

"මහණෙනි, ඔය කපුටු බකමූණු වෛරය මේ කල්පය පටන් ගත් මුල් කාලෙ ම යි ඇති වුනේ" කියා මේ අතීත කතාව ගෙනහැර දක්වා වදාළා.

"මහණෙනි, පළමු කල්පයේ සිටි මිනිස්සු රැස්ව සාකච්ඡා කරලා ඉතා හැඩ රුව ඇති, ආනුභාව ඇති, සියලු අයුරින් සම්පූර්ණ මිනිසෙකුව රජකමට පත්කරගත්තා. සිව්පාවොත් එකතු වෙලා ඔවුන්ගේ රජා හැටියට සිංහයාව පත් කරගත්තා. මහා සයුරේ මත්ස්‍යයෝ එකතුවෙලා ආනන්ද නමැති මත්ස්‍යයාව ඔවුන්ගෙ රජා හැටියට පත් කරගත්තා. එතකොට සියලු පක්ෂීන් හිමාල වන පෙදෙසේ එක්තරා ගල්තලාවකට රැස් වුනා. ඔවුනුත් මේ ගැන කතා කළා. "එම්බා කුරුල්ලනි, දැන් බලන්ට මිනිසුන්ටත් රජෙක් ඉන්නවා. සිව්පාවන්ටත් රජෙක් ඉන්නවා. මත්ස්‍යයින්ටත් රජෙක් ඉන්නවා. කෝ අපට

තවම රජෙක් නෑ නොවැ. රජෙක් නැතිව සිටින එක හරි නෑ. අපටත් රජෙක් ඕනෑ. ඒ නිසා රජකමට සුදුසු කුරුල්ලෙක් ව තෝරාගැනීම ගැන සලකා බලන්ට වටී."

එතකොට කුරුල්ලෝ සියලු කුරුල්ලන්ගේ ම මූණු බලා සිට මුන්දෑ හොඳා කියා බකමූණෙකුට කැමැති වුනා. කුරුල්ලෝ සියලු දෙනා ම ඒකට පොදු එකඟතාවක් ඕනෑ ය කියලා බකමූණා සම්මත කරගැනීමට සුදුසුයි කියා තුන්වතාවක් දැනුම් දුන්නා. තුන්වැනි වතාවේ එතැන සිටිය කපුටෙක් නැගී සිටියා. "හෝ... හෝ.... පොඩ්ඩක් හිටින්ට. මුන්දෑගේ රාජාභිෂේක අවස්ථාවේ මුන්දෑ කිපුනු විට කිපුනු බව හඳුනාගන්නේ කොහොමද? එතකොට මොන විදිහට දිස්වේවි ද? මුන්දෑ ක්‍රෝධයෙන් ඔය විදිහට බැලුවොත් අපි රත් වූ තාච්චියේ දැමූ තල වගේ මුන්දෑව එතැන ම සිඳ බිඳ දානවා. ඒ නිසා එවැනි එකෙක් රජ කරවන්ට අපි කිසිසේත් කැමති නෑ" කියලා කිව්වා. ඒ ගැන ඔවුන් කථා කළ දේ ගාථාවෙන් මෙසේ ය.

(1)

නෑදෑයෙනි ඔය හැමෝම මේ රැස්වීමට ආවේ
රජෙකුව පත් කරගන්නට දැන් ඔබහට සිදු වූයේ
ඉදින් මටත් ඔබගෙන් දැන් අවසරයක් දෙනවානේ
එක ම වචනයක් කියන්ට නැගිට පෙරට මං ආවේ

එතකොට පක්ෂීන් ඔලුව වනා මේ ගාථාව පැවසුවා.

(2)

කියන් මිතුර වචනෙ ඔබේ අවසර අපි ලැබදෙනවා
නිවැරදි යහපත් දේකට නම් මෙහි ඉඩකඩ සලසනවා
පක්ෂියා කුඩා නමුත් නුවණට අපි තැන දෙනවා
නුවණැත්තා හැම තැනක ම නුවණ නිසා බබළනවා

එතකොට කපුටා හඬ නගා මෙහෙම කිව්වා.

(3)

නෑදෑයිනි, ඔබ මෙහි දැන් රජෙකු තෝරගන්න කියා
තුන්වරක් ම කීවේ බකමූණා ගැන යි මුලට තියා
බලන්ට මොහු කෝප නැතිව ඉන්න විටත් මූණ දිහා
කිපුන විටදි හිතාගන්න මුගේ මුහුණ කොහොම කියා
රජෙකු ලෙසට මේකා ගන්ට කපුටු අපට ඕන නැතේ
එනිසා මූ තෝරනවට කැමැත්තකුත් අපට නැතේ

කියලා "මේ වැඬේට අපි කැමැති නෑ. බකමූණෙකුට රජකම දෙනවාට අපි විරුද්ධයි, අපි විරුද්ධ යි! "කියලා කපුටා මහා හඬින් කෑ ගසමින් අහසට පැන නැංගා. කෝපයට පත් බකමූණා කපුටාව පන්නාගෙන ගියා. එදා පටන් තමයි මේ කපුටු බකමූණු වෛරය පටන් ගත්තේ. ඊට පස්සේ පක්ෂීන් හැමෝම එකතුවෙලා ස්වර්ණ හංසයෙකුව රජු හැටියට පත් කරගත්තා.

මහණෙනි, එදා ඒ පක්ෂීන් රජු හැටියට තෝරාගත් ස්වර්ණ හංසයා වෙලා සිටියේ මම යි" කියා භාග්‍යවතුන් වහන්සේ මේ ජාතකය නිමවා වදාළා.

දෙවන පදුම වර්ගය යි.

මහාමේඝ ප්‍රකාශන

පූජ්‍ය කිරිබත්ගොඩ ඥාණානන්ද ස්වාමීන් වහන්සේ විසින් රචිත
සියලුම සදහම් ග්‍රන්ථ සහ ධර්ම දේශනා ලබාගැනීමට

ත්‍රිපිටක සදහම් පොත් මැදුර

අංක 70/A/7/OB, YMBA ගොඩනැගිල්ල, බොරැල්ල, කොළඹ 08
දුර : **077 47 47 161 / 011 425 59 87**
ඊ-මේල් : **thripitakasadahambooks@gmail.com**

www.ingramcontent.com/pod-product-compliance
Lightning Source LLC
Chambersburg PA
CBHW060655030426
42337CB00017B/2635
* 9 7 8 9 5 5 6 8 7 1 4 4 9 *